あなたのその態度が、部下の心をキズつける

メンタルヘルスケア型「癒し系」リーダーになる

野村総合研究所
NRIラーニングネットワーク
見波利幸・著

FIRST
ファーストプレス

まえがき◉いま、なぜ「癒し系リーダー」が求められるのか

ストレスが増え続ける職場環境

いま職場では、ギリギリの人員削減による業務量の増大、過重労働、人間関係によるストレスの増大などなど、挙げればきりがないほど健康を害する要因が多くなっています。そのような状況下で、とくに注意しなければならないことは、心の健康（メンタルヘルス）をいかに保つかです。

心の健康を害して、休職を余儀なくされている人は急増しています。休職とまではいかなくとも、ストレスが蔓延している過酷なまでの職場環境で、「会社に行くのがつらい」と感じている人は少なくないでしょう。だれにも相談できず一人で抱え込んで、深刻な事態に陥っているケースが相当数あることも容易に想像できます。

部下の心の健康に留意せず、ただ「売上げを上げろ」「ノルマを達成しろ」「顧客を増やせ」「質を上げろ」「量をこなせ」というお題目を唱えるだけのリーダーは、果たして本当

に、部門の業績向上を目指していると言えるのでしょうか。ただ、短期間で、目に見える結果を出したいだけなのではないでしょうか。

そこには部下の成長という視点が欠如していると言わざるをえません。部下を「人財」としてとらえず、頭数だけそろえればそれでいいという意識が見られるのです。

メンタルヘルスケアは「本人の問題」か

日本における自殺者数は、1998年に3万人を超え、高止まったまま推移しています。企業においては、過労死、過労自殺の労災認定の流れや、民事訴訟で損害賠償請求が認められた判例などから、リスク・マネジメントの一つとしてメンタルヘルスケアの重要性が増してきています。しかしながら、いまだに「メンタルヘルスは本人の問題」という間違った見解がまかり通っている職場が多いことも事実です。

労働安全衛生法には、「事業者は健康診断を行わなければならない」(66条)という「義務規定」があり、義務違反をすると罰則が待ち受けています。一方、メンタルヘルスケアに関しては、「健康教育および健康相談を行うよう努めなければならない」(同69条)と、事業者の「努力規定」となっているのみです。

メンタルヘルスケアに関しては、罰則がないからといって、気にもとめなかったり、本人の問題と片づけることが、リーダーの取るべき道なのでしょうか。

必要なことは、メンタルヘルスをネガティブにとらえず、部下のメンタルヘルスが増進することによって、職場の活性化や生産性の向上に寄与するという認識をしっかり持つことです。そして、何より部下の心の健康を大切に考え、部下を一人の人間として大切に扱うという考えこそが大切なのです。

メンタルヘルスケアとは、社員一人ひとりがメンタルヘルスについての最低限必要な知識を得て、正しい認識と自覚を持つことです。ストレスやメンタルヘルス不全に対する理解と職場の心構えが何にもまして重要になってきます。

リーダーに必要なのは「聴くスキル」と「伝えるスキル」

会社は「やりがいを感じて楽しい」場所だと、社員が思えることが理想です。しかし現実には、社員は会社に対してさまざまな思いを抱いています。そうした思いが、「会社は楽しくない」→「会社に行きたくない」→「会社に行くのがつらい」→「会社に行けない」といった段階を踏むことがあります。それがさらに高じると、「人生がつまらない」

↓「生きているのがつらい」と会社に対する思いだけではなくなり、あげくに「死にたい」↓「死のう」とまで思いつめてしまうこともありえます。

最終段階に近い追いつめられた状態にありながら、必死につらさと闘っている部下もいます。そこに、リーダーが無神経な一言やプレッシャーを与える言葉を投げかけることで、極限まで追いつめられてしまうこともありえます。一人の人間の人生を狂わせるかもしれない問題を、「本人の問題」として片づけることができるでしょうか。リーダーにそんな権利があるのでしょうか。

部下の常態とのズレをいち早く察知して、「最近元気がないようだけど」などと声かけをする、そして、部下の応答をきちんと受け止め、傾聴することが、リーダーにはもっとも必要なことです。リーダーの責務と言っても過言ではありません。この「気配り」↓「声かけ」↓「応答の受け止め」↓「傾聴」のプロセスを身につけることが、いまリーダーに求められていることなのです。

さらに、リーダーは、「アサーティブな自己表現」を身につける必要があります。アサーティブな自己表現とは、自分も相手も尊重した自己表現のことです。部下を尊重し、その場面にふさわしい方法で部下に率直に言いたいことを伝える。部下を大切にしているからこそ、率直に言いたいことが伝えられるのです。
傾聴とアサーティブな自己表現をリーダー自ら行うことで、部下にも徐々に浸透し、メンタルヘルスを意識した職場風土が醸成されていきます。これができるのが、本書で言う「癒し系リーダー」なのです。

本書の究極の目的は、「業績とメンタルヘルスは企業成長の車の両輪」という認識をしっかり持ち、メンタルヘルスの重要性を知ることにあります。さらに、リーダーとして必要な聴くスキル（傾聴法）と伝えるスキル（アサーティブな自己表現）を磨き、やりがいを感じつつ業績を向上させる職場風土をつくり上げる、「癒し系リーダー」になることなのです。

２００６年６月

野村総合研究所 ＮＲＩラーニングネットワーク
見波 利幸

あなたのその態度が、部下の心をキズつける

目次

まえがき

1章

「癒し系リーダー」の魅力

1　「癒し系リーダー」が職場風土を変える

「癒し系リーダー」のいる職場では、部下を心理的に強力にサポートし、個人のパフォーマンスを最大限に引き上げます。また、部門の業績向上に結びつく職場風土が醸成されていきます。

1章では、癒し系リーダーとは何か、癒し系リーダーが職場に与える効果など、癒し系リーダーの魅力に迫ります。

部下をダメにする上司の特徴

業績と密接に関連するヒューマン・ファクターの一つに、モチベーションがあります。そこで、職場におけるモチベーションを考えてみましょう。

最初に、部下をダメにする上司の特徴をいくつか挙げておきます（**図表1**を参照）。実はこれは、部下をうつ病にさせる上司の典型でもあるのです。

これらの事柄が数多く当てはまる上司を持った部下は、仕事へのやる気をなくし、心の健康を損ねるリスクを高めます。部門のモチベーションは下がり続けることでしょう。こういう上司は部下を一人の人間として見ておらず、尊重する気持ちがありません。部下の気持ちなどまったく意に介さず、自分の考えだけを押しつけようとします。言葉も断定的、威圧的、批判的であり、態度は支配的、尊大で、人を見下し、小バカにします。

エゴグラムという、カウンセリングなどの心理療法の現場で用いられるパーソナリティ・チェックがあります。その人の特性を、「批判的な親（CP）」「善者的な親（NP）」「冷静な大人（A）」「自由な子ども（FC）」「順応した子ども（AC）」の五つの領域に分け、その特性の強弱やバランスによって、その人のパーソナリティを把握するものです。自分自身を客観的にとらえ、把握することで、良い部分を強化したり、改善点を見つけ出したりすることができます。

部下をダメにするこのような上司は、この五つの領域のなかで、とくにCPがほかよりも高いスコアを示します。もしその部下のACが高い場合は、注意を要します。

ACには、遠慮がちで劣等感を持っていたり、消極的で思ったことが言えず、嫌なことを嫌とも言えず、他人の顔色を見て機嫌を取るような特徴があります。このパーソナリテ

発言や行動に矛盾が多い	▶挑戦や創意工夫に伴う失敗でも許容しない。 ▶話が首尾一貫していない。 ▶責任だけを押しつけて、権限を与えない。
部下の成長を重要視しない	▶部下のキャリアパスや将来展望を無視する。 ▶成長させる気もないくせに、「まったく成長しない」が口グセ。
怒りっぽく、すぐにキレる	▶人前でも平気で怒りだす。 ▶ささいなことでも怒りだす。 ▶感情的に怒る。
部下の健康に無頓着	▶メンタルヘルスやストレスに対して無理解。 ▶「気の持ちよう」「緊張感が足りない」「意識の問題」「自覚がない」「甘えている」が口グセ。 ▶職場風土や職場環境に対して無理解。
社内の称賛をモチベーションにしている	▶手柄をいつも自分のものにする。 ▶「自分の考えについてこられない部下はいらない」が口グセ。 ▶上の評価を気にしすぎる。
部下を適切に評価できない	▶評価基準があいまい。主観だけで評価する。 ▶パーソナリティや自分の好き嫌い、相性で評価する。 ▶ハロー効果（一部の印象で全体的な印象をつくりあげたり、自分が尊重している特性が優れていると他の特性も優れていると考えたりする傾向）で評価する。

図表**1**◉**部下をダメにする上司の特徴**

ダメにする特徴	例
部下の話を聴かない	▶部下をサポートする気持ちがない。 ▶相談に乗らない。すぐに叱りつける。すぐに励ます。すぐに指示する。 ▶傾聴に対しての興味、理解が微塵もない。
部下に発言させない	▶「やることをやってから言え」「言われたことだけやれ」がログセ。 ▶相手を尊重しない。人権を軽く考えている。 ▶職場風土など考えたこともない。自分とは関係ないと思っている。
価値観を押しつける	▶個人の余暇や健康よりも、仕事を第一に優先する。 ▶自分の考えが絶対だと思っている。
適切な仕事の質や量を考えない	▶すべて「やる気」や精神論で処理してしまう。
細かいミスばかり指摘して、褒めない	▶部下を無能呼ばわりする。またはそう思っている。 ▶「できて当たり前」がログセ。
裁量権を与えない	▶ささいなことでも決定権は自分にあると思っている。 ▶何事も自分の思いどおりに進めたがる。
長時間残業、休日出勤に無頓着。過重労働を強いる	▶朝早くから夜遅くまでいる。 ▶効率より長時間労働を美徳としている。 ▶有給休暇に対して無理解。休むのは意欲に欠けるからだと思っている。

ィは、もともとストレスをためやすいと言われています。

また、CPとACがともに高い場合は、自分のなかの「批判的な親」が「順応した子ども」に命令を発することになり、ストレスをためやすくなると考えられます。

したがって、CPの高い上司の下にACの高い部下がいる場合は、上司が部下に対して高圧的に命令を発し、部下が従順に聞き入れてしまうことになり、部下はストレスをためやすくなるわけです。

そうした上司の対極に位置するのが、癒し系リーダーです。部下を一人の人間として尊重し、その成長を会社の成長と考えてサポートします。エゴグラムの指標で言えば、NPとAがともに高い特徴を持つと考えられます。冷静な大人としての客観性を持ち、合理的で知性的、分析的な特徴があり、部下とも対等な態度で向き合います。また、善者的な親としての心づかいや思いやりがあり、部下に対して受容的な姿勢がうかがえます。

この特徴を持つリーダーがいる職場では、部下は積極的、創造的、自発的、行動的という特徴があるFCの性質を伸ばすことができるでしょう。また、部下自身もNPとAの特性をアップさせることができます。その結果、部下は安心して建設的な意見を言うことができ、モチベーションが高まり、やりがいを感じながらパフォーマンス向上に邁進できるのです。

「癒し」とは何か

◉「癒し系の人」がほかの人に与える効果

「癒し」と聞いて、あなたは何をイメージするでしょうか。アロマテラピーやリラクゼーション、ヒーリング・ミュージック、マッサージ、森林浴、ハーブ、温泉、なかには海を眺めることなど、人によってイメージするものはさまざまだと思います。

これらの共通点は、身体で直接感じられることです。アロマテラピーなどは嗅覚で感じ取り、ヒーリング・ミュージックは聴覚で感じ取ります。温泉も肌で温熱効果を感じ取ることができます。また、海を見ながら波の音を聞いたり、海風にやさしく顔をなぜられたりして安らぎを得られるのは、視覚や聴覚、触覚などで感じ取っているからです。五感で直接癒しを感じて、間接的または結果的に心理的な効果も期待できるのです。

では、「癒し系の人」といえば、どのようなイメージを持たれるでしょうか。これもまた、「温かみがある」「ほのぼのとしている」「安心感がある」「やさしさがある」など、さまざまでしょう。

「癒し系の人」というのは、当人の言動や醸し出す雰囲気を通じて、周りの人を癒すことのできる人です。言葉だけが先行してしまっている現在では、「天然系」といったイメージや、「プラスにもマイナスにもならない人」というイメージを持たれることもあります。しかし、本来の「癒し系の人」がほかの人に与える効果には絶大なものがあります。

そんな「癒し系の人」との会話は、カール・R・ロジャース（Carl Ransom Rogers：1902～87年）が提唱した来談者中心療法（いま現在クライエント〈相談者〉が抱いている感情に焦点を当てる心理療法の一つ）などのカウンセリングで行う傾聴法（相手の立場に立って、考えや気持ちを理解しようとする聴き方。2章で詳述）と、非常に多くの共通点があります。

また、「癒し系の人」は自分を大事にして、相手を慮るコミュニケーションを取ることができます。それは、適切な自己主張（自己表現）であるアサーティブ（自分も相手も大切にした自己表現。3章で詳述）そのものです。

しかし、先ほどの「癒し」のイメージとは決定的な違いがあります。それは、身体で感じる作用や効果ではなく、その人とのコミュニケーションを通してメンタル面に直接作用することです。直接的な心理作用なのです。

その人が近くにいるだけで、またはその人が存在していると思うだけで安らぎを覚えることもありますが、一般的には、その人とのコミュニケーションの過程で作用するものです。しかも、身体で感じる間接的な心理作用ではなく、より短時間で強力に、かつ直接的に作用するものなのです。

◉寅さんの妹「さくら」の役割

では、心理的な作用をもたらす癒し系の職業としてイメージされるものは何でしょうか。多くの人は、看護師やカウンセラーなどを挙げるでしょう。病気やケガで苦痛を感じたり、悩みや挫折などで精神的な苦痛を感じている人にとっては、苦痛を和らげてくれるかけがえのない人たちです。

なぜこの人たちは相手に安らぎや安心感を与え、精神的な苦痛を癒すことができるのでしょうか。わかりやすいように、映画『男はつらいよ』の主人公・寅さんの妹「さくら」を例に取って見てみましょう。

寅さんは毎回失恋し、心に痛手を負います。そのつらさを癒すために重要な役割を果たすのが、さくらなのです。さくらは、寅さんがつらいときにはそっと寄り添います。そして、寅さんの話にじっと耳を傾けています。けっして批判したり、叱責したりせず、反対に激励することもありません。ただじっと、話を聴いています。そして、寅さんの感情の流れをいちばん大切に扱います。

寅さんは、「自分の気持ちをわかってくれる人がいる」「自分のつらさをわかってくれている」と感じることができ、つらさを克服できるのです。

このさくらの行為は、カウンセリングの傾聴法そのものです。傾聴法とは、簡潔に言うと、「言葉だけではなく、その背後にある感情の動きを見つめようとする心構え」です。しっかりと相手を受容し、共感を持って理解する。これを行える人こそが、真に人を癒すことができるのです。

カウンセリングの現場で、こういう出来事がありました。1年ほど前にお子さんを亡くされた女性が、カウンセリングに来られました。彼女が「当時はつらくて大変でした」と淡々と話すので、カウンセラーも1年過ぎて気持ちの整理ができたのだろうと解釈し、「おつらかったですね」と言葉を返しました。そして、会話の途中で床に落としたペンをカウンセラーが拾おうと身をかがめたとき、その目に飛び込んできたのは、机の下で彼女がハンカチを引きちぎらんばかりにきつく握り締めている光景でした。

そうなのです。その女性は気持ちの整理がついていたわけではなく、いまだに悲しみのまっただ中にいたのです。もし、そのときの彼女の気持ちを察していたら、「おつらかったですね」と過去形ではなく、「とてもおつらいですね」と言えたかもしれません。

話を聴くプロであるカウンセラーにとっても、言葉の背後に潜む感情を知るのは難しいことです。傾聴するということは、単なる技法ではなく、感情をしっかり見つめようとする心構えなのです。感情を見つめて「共感」し、その「感情を返す」ことができたら、本当の意味で「癒すこと」ができるのです。

「共感」と「感情を返す」との違いについて、少し詳しく説明しておきましょう。

「共感」とは、その人が感じたり考えたりしていることを、その人と同じように感じたり考えたりすることです。したがって、共感的理解とは、会話全体における聴き手側の基本姿勢・態度を指します。

「感情を返す」とは、会話中に出てきた感情的な表現、または言語化されていない動作などから、その人の感情を感じ取り、感じ取った感情をその人に伝えることです。もちろん、「感情を返す」ときには「共感」していることが前提になります。

「癒し系リーダー」の条件

◉部下のやる気を高めるカウンセリング・マインド

「カウンセリング・マインド」という言葉を聞いたことがありますか。カウンセリングの根底には、「人間は自己成長力と自己実現傾向を持っている」という人間観があります。この人間観がなければカウンセリングは成り立ちません。

「このクライエントは成長しないかもしれない」とか、「このクライエントは変わりようがない」などと思ってしまっては、話を真剣に聴けませんし、クライエントを受容することも難しいでしょう。共感的理解など、とても無理です。カウンセラーはこの人間観を持っているからこそ、カウンセリングができるのです。

では、企業ではどうでしょう。社員に対して、「彼の成長は見込めない」とか、「彼女は変わりようがない」などと思っていて、その社員のパフォーマンスを最大限に引き上げることができるでしょうか。

社員を信頼し、社員は自ら成長し、自己実現しようとする力を持っていると考え、その考えをマネジメントに取り入れることで、初めて社員がやる気を持って主体的に動く部門へと導くことができるのです。これが「カウンセリング・マインド」です。

◉「カウンセリング・マインド」をマネジメントに取り入れる

科学的管理法の発案者であるフレデリック・W・テイラー（Frederick Winslow Taylor：1856〜1915年）は、「人間は生まれつき楽をしたがる傾向にある」「強制や処罰で脅かされなければ仕事をしない」といった考え方に立脚していました。これがX理論です。この考え方のもとで労働者の生産性を高めるには、罰則制度や報奨制度でカバーするしかありません。

一方、ダグラス・マグレガー（Douglas McGregor：1906〜64年）は、X理論に対して、「人間は自己実現のために自ら行動し、すすんで問題を解決する」というY理論を提唱しました。マグレガーが提唱したY理論の内容は、次のようなものです。

- 仕事で心身を使うのは人間の本性であり、普通の人間は生まれながらにして仕事が嫌いだということはない
- 外から強制したり、脅かしたりすることだけが、企業の目的達成に努力させる手段で

はない。人は自らすすんでむち打って働くものだ

●目標達成に献身するかどうかは、それを達成して得る報酬次第である。自我の欲求や自己実現の欲求の満足が最大の報酬となる

●人間は条件次第で責任を引き受け、責任を取ろうとする。責任回避、野心のなさ、安全第一というのは、人間本来の性質ではない

●企業内の問題を解決しようと比較的高度の想像力を駆使し、手段を尽くし、創意工夫を凝らす能力は、たいていの人に備わっているのであって、一部の人のものではない

●現代の企業においては、社員の知的能力はほんの一部分しか生かされていない

マグレガー以外にも、内発的動機づけを重視する考えは、「人間の欲求の階層（マズローの欲求のピラミッド）」を主張した、アブラハム・H・マズロー（Abraham Harold Maslow：1908~70年）にも見られます。彼は「人間は信頼に足る存在である」「人間は本来旺盛な労働意欲を持つ」という人間観を基礎としました。

企業のリーダーは、こうした考え方をマネジメントに生かすことによって、社員のモチベーションを高めることができ、パフォーマンスを最大限に引き出すことができます。

部下を信頼し、「部下は自己成長力を持ち、自己実現を求めている」という人間観を根底に、「カウンセリング・マインド」をマネジメントに取り入れることで、部下の能力を最大限に引き出し、最高のパフォーマンスを上げるようサポートできるリーダーこそが、「癒し系リーダー」なのです。

癒しを戦略としてとらえる

◉やりがいが感じられる職場をつくる

ここまで、リーダーとして必要な意識を見てきましたが、まとめると以下のようになります。

- 「人間は自己成長力と自己実現傾向を持っている」という人間観を持つ
- 「業績とメンタルヘルスは企業成長の車の両輪」という認識を持つ

しかし、この二つの意識さえ持っていればよいというわけではありません。これを部門内に浸透させ、定着を図って、初めて効果が表れるのです。

「部下の上昇志向に期待するだけ」とか、「モチベーションは部下自ら向上させるもの」、または「メンタルヘルスは本人の問題」といった職場内の意識を、この二つの意識へと変革していく作業が必要なのです。

究極の目的は、心に潤いのある（余裕のある）、やりがいの感じられる職場風土の醸成にあります。心に潤いがあって初めてできることはたくさんありますが、いくつか挙げてみましょう。

●問題の本質に迫ることができる
●問題に正面から取り組む力が涌いてくる
●より高い品質を追求することができる
●付加価値をさらに高めてサービスする意欲が涌いてくる
●より良いアイデアが生まれる
●ものの見方が変わり、視野が広がる
●長期的な視点が生まれる
●客観的な視点に立てる

●困難に立ち向かう力が涌いてくる
●継続する力が涌いてくる
●他者を思いやる気持ちが涌いてくる
●コミュニケーションがより円滑になる

心が潤っているからこそ、最大限のパフォーマンスを期待できるのです。心に余裕がない状態では、目の前の仕事を処理するだけで精いっぱいになってしまいます。

◉「ワーク・エンゲージメント」の考え方

では、このような潤いの効果ややりがいを感じるためには何が必要なのでしょうか。ここでは、「ワーク・エンゲージメント」の概念を紹介したいと思います。

ワーク・エンゲージメントとは、「職務への没頭」「職務への積極的関与」といった意味を持ち、ウィルマー・B・シャフリ（Wilmar B. Schaufeli）によって提唱されました。

職場では業務関連負担としてさまざまな「ストレッサー（刺激）」を受けますが、そのストレッサーに対する「コーピング（対処努力）」を個人個人が行うことになります。そして、ストレッサーに対するコーピングが失敗したものが、心理的不適応状態（職務への燃え尽き）、いわゆる「バーンアウト」となります。

他方、コーピングが成功した心理的職場適応状態がワーク・エンゲージメントであり、バーンアウトの対立概念と言えます。ワーク・エンゲージメントでは、仕事をいかに楽しめるかという視点が重要になります。

マズローは、人間の基本的欲求の最上位に「自己実現欲求」を位置づけています。マグレガーは、「自我の欲求や自己実現の欲求の満足が最大の報酬となる」と説いています。そうであるならば、「自己実現欲求」を満たすような報酬があれば、「職務への積極的関与」はスムーズに行きます。

１９８０年代に導入された「職能資格制度」や、90年代に導入された「成果主義」などの人事施策は、報酬への不平不満に制度面から対応するものであり、外的報酬を満たすための戦略でした。いま必要なのは真の動機づけ要因の充実であり、内的報酬を満たすための戦略です。その戦略として欠かすことのできない概念が、ワーク・エンゲージメントなのです。

みなさんの理解を助けるために、事例で説明しましょう。

Aさんは、スキーが大好きなスキーのインストラクターです。Aさんの目標は、国体に出て良い成績を残すことです。Aさんが所属するスキースクールでは、新たに競技スキーのレッスンを展開したいと考えていたので、Aさんが国体で好成績を残すことはスクールの目標とも一致します。

Aさんは、早朝から滑り始め、スクール業務が終わった後もナイターでさらに滑り込みます。少しでも時間が空けば1本でも多く滑りたいという気持ちで、1日中ゲレンデに出ていますが、そうすることが本人にとっては最高の幸せなのです。どうすれば速く滑れるか、どうすれば滑る時間を確保できるかをいつも考え、スキーに没頭しています。

一方、Bさんはスキースクールの受付として入社しました。もともと寒い所は嫌いで、スキーもそれほど好きではありません。それでもそこそこには滑れるので、最近、キッズレッスンを始めたスクールから、レッスンを担当するよう指示されました。

Bさんはゲレンデに出るのが嫌で、心のなかではレッスンが早く終わることばかり考えています。しかし、キッズレッスンは好評なので、最近では受付業務はほとんどなくなり、レッスン漬けの毎日です。

この事例を見ると、Bさんは現在の仕事が苦痛でストレスも大きく、スキー技術の向上などはまったく期待できません。近い将来、スクールを辞めることを考えるかもしれません。それとは逆に、滑ることが好きでしょうがないAさんは、スキーやスキーレッスンにますますのめり込んでいくことでしょう。

仕事であれ趣味であれ、本人が好きなこと、やりたいことをやっているときは、ストレッサーを受けてもうまく対処することができ、ストレスを感じることも少なくなります。本人がやりたいことと企業の目的が一致することが、いちばん望ましい状態と言えるでしょう。

社員は個人としてのパフォーマンスを最大限に発揮でき、やりがいを感じ、さらに仕事に積極的に関与することになります。企業も業績向上という対価が得られるので、好循環が生まれます。このようなワーク・エンゲージメントの考えを取り入れることが、今後の経営戦略としての課題になるかもしれません。

ワーク・エンゲージメントに必要なマネジメント施策は、以下の二つです。

①いかに部下にやりたい仕事をやらせるか

②そのやりたい仕事を、いかにして企業競争力に結びつけるか

それぞれについて、もう少し具体的に見ていきましょう。

①いかに部下にやりたい仕事をやらせるか

これまでは社員の希望や目的、目標などよりも、会社の都合が優先されてきました。社員は「本当はこの仕事をやりたい」と思っていても、上司から強制的に「これをやれ」と指示されます。

その結果、社員はやりたくない仕事でも我慢し、モチベーションもあまり上がらない状態で、仕事を「やらされている」という意識のもとに働いてきました。報酬も給与の金額アップや昇進・昇格などの外的報酬のみですから、当人が持っている最高のパフォーマンスはさほど期待できません。

何より、能動的に仕事に取り組んでいるわけではなく、「やらされている」という受動的な心理が働いているので、受けるストレッサーの強さはまったく違ってきます。当然、メンタルヘルスの面でも良い状態とは言えません。「やらされている」という意識のもと

では、結果的には、バーンアウトになる可能性が高まることになります。

②そのやりたい仕事を、いかにして企業競争力に結びつけるか

やりたい仕事をやらせることがモチベーションやパフォーマンスに大きく影響することはおわかりいただけたと思いますが、企業が収益を上げるためには、それを企業競争力に結びつけなくてはなりません。社員にやりたいことをやらせて、そこから利益を生み出す仕組みやビジネスモデルを構築することが必要になってきます。いままでのように社員がプレーヤーとして動き、リーダーがそれをマネジメントするという枠組みではなく、まったく別の発想が必要になるかもしれません。いくつか例を挙げてみましょう。

●各部門のリーダーにマネジメント能力とビジネスモデル設計能力を身につけさせる
●その部門内でビジネスモデルを構築する専門要員を各部署に配属する
●ビジネスモデルを構築する専門部隊を組織化する

ここで言うビジネスモデルの構築には、新しいビジネスモデルを創造することだけでは

なく、現在あるリソースを収益に結びつけるべく、既存のビジネスモデルを再設計する仕事も含まれます。社員が職務に没頭できるためのビジネスモデルを構築するという視点は、いままでの枠組みとは違ったものになるでしょう。

◉「ワーク・エンゲージメント」を取り入れる

しかし、発想を大きく転換しなくても、既存のマネジメント・スタイルのなかにワーク・エンゲージメントの概念を取り入れることは可能です。

部下から「やりたいと思っている仕事は何か」「将来どのようになりたいのか」「どんなスキルを身につけたいのか」などをヒアリングし、現在の収益活動や企業の方向性などと照らし合わせながら、本人がやりたい仕事の比重を高めていくことは、そう難しくはないでしょう。

しかし、やりたい仕事が収益向上につながらなかったり、必要以上に時間を要したりすることもありえます。本人のスキルが伴っていないこともあるでしょう。そうした問題をクリアにしないまま、本人の申告だけを優先することはできません。そこで、次の2点をきちんと整理しておく必要があります。

①収益とコスト意識を自覚させること
②納得感を持たせること

①収益とコスト意識を自覚させること

社員に収益とコスト意識が備わっていなければ、無謀な、または実現可能性の低い申告をする可能性が高まります。会社の売上げに対するコスト、部門の売上げに対するコスト、本人の売上げ（パフォーマンスや貢献度）に対するコストを日頃から把握していること（把握させること）が必要になります。そのうえで、その収益とコストを維持できる、または収益を向上させるための「やりたい仕事」を考えさせる（申告させる）ことが重要になります。

やりたい仕事（本人の申告）を仮にやった場合、具体的に初期投資や運営資金、回収期限などを、会社経営上、部門運営上、本人のパフォーマンス上、妥当か否かを含めて、本人が自ら意識できる、考えられるようにすることが前提となります。

この収益とコスト意識の自覚が備われば、無謀な、または実現可能性の低い申告は減っていき、各人がより積極的に申告の中身（やりたい仕事）を吟味するようになります。

②納得感を持たせること

上司は経験上、本人の申告した内容に対して、直感的に、「収益に結びつきそうにない」「本人の現状のスキルでは難しい」などと思うことが多いものです。しかし、その直感を、「何となく」としか説明できなければ、本人は納得できず、「正当な理由なく却下された」という意識が芽生えてしまいます。

本人が申告した内容について、収益、運用資金、投資費用、コスト、投資期間、回収期間、会社・部門の方向性、本人のスキル、本人のやる気などを総合的に判断しなければなりません。

それを実行するためには、何が必要なのか、何が足りないのか、問題は何かを明確にする必要があり、それを説明して初めて、本人に納得感を持たせることができます。

それらを判断（説明）するには、前述したとおり、ビジネスモデルを設計する能力をリーダーに持ってもらう、部門内に専門要員を配属する、または専門部隊を組織化することが必要になるかもしれません。

いずれにしても、「これをやりたい」という申告に対して、本人が収益とコスト意識を自覚していること、上司はそれを的確に判断し、その判断を本人に説明する能力（仕組み）があることが必要となります。

2 癒し系リーダーが職場に与える五つの効果

メンタルヘルス的職場風土を醸成する

◉パワハラが与える悪影響

筆者がコンサルテーションに通っていた、ある企業のある部門の事例を紹介しましょう。その部門は三つのグループに分かれており、そのうちの二つのグループ長は、非常に強力な「パワーハラスメント」（以下、パワハラ）を行っていました。パワハラは権力をかさにきた嫌がらせで、彼らは次のような行為を日常的に行っていました。

- 部屋中に聞こえるように大声で部下を叱責する
- 延々と叱責する（10～20分）

●1日に何度も叱責する。毎日叱責する
●夜の11時以降でもミスを見つけたら会社に呼びつける
●残業を毎月150時間以上強いる
●月の休日のうち、半分は出勤させる
●休日出勤の代休を申請すると、あからさまな不快感を示す。または認めない
●部下の性格を否定する。人格を否定する

この二つのグループのメンバーは、合わせて10人強の小世帯でありながら、筆者が通っていた2カ月あまりの間に、2人が心の健康問題で「会社に行けない状態」となり、リタイアを余儀なくされました。さらに2人が、「会社に行くのがつらい状態」で、「会社に行けない状態」までは時間の問題（リタイア寸前）と思われました。

パワハラを行っていないグループ長のメンバーからは、心の健康問題は生じていませんでした。

上司の意識や言動が、部下のメンタルヘルスに与える影響は、非常に大きなものがあります。もちろん、問題はパワハラだけではありませんが、もしこのグループ長がメンタル

ヘルスの重要性を認識していれば、または部下を大切に思っていれば、どのような結果になっていたでしょうか。

「言いたいことが言えない職場」「聴く耳を持ってくれない上司」「毎日、部下の人格や尊厳を侵害し続ける上司」「部下に精神的な苦痛を与えても何とも思わない上司」「過重な労働を強いられる職場」――このような職場環境とは対極にあるのが、「癒し系リーダー」がいるメンタルヘルス的職場風土なのです。

メンタルヘルス的職場とは、心の健康だけに気を使う職場ではありません。企業風土を考えたとき、業績だけにとらわれてメンタルヘルスの概念が欠如している職場ではなく、「業績とメンタルヘルスは企業成長の車の両輪」という認識が備わっている職場のことを言います。業績の向上も重要ですが、社員の健康やＥＳ（Employee Satisfaction：従業員満足度）の向上も重要だとする考え方です。

◉パワハラ問題への取り組み方

「このような事例は特殊で、パワハラがよくないことはだれでも知っている」と反論されるかもしれません。しかし、本当にそうでしょうか。

図表2◉規模×パワハラ発生度

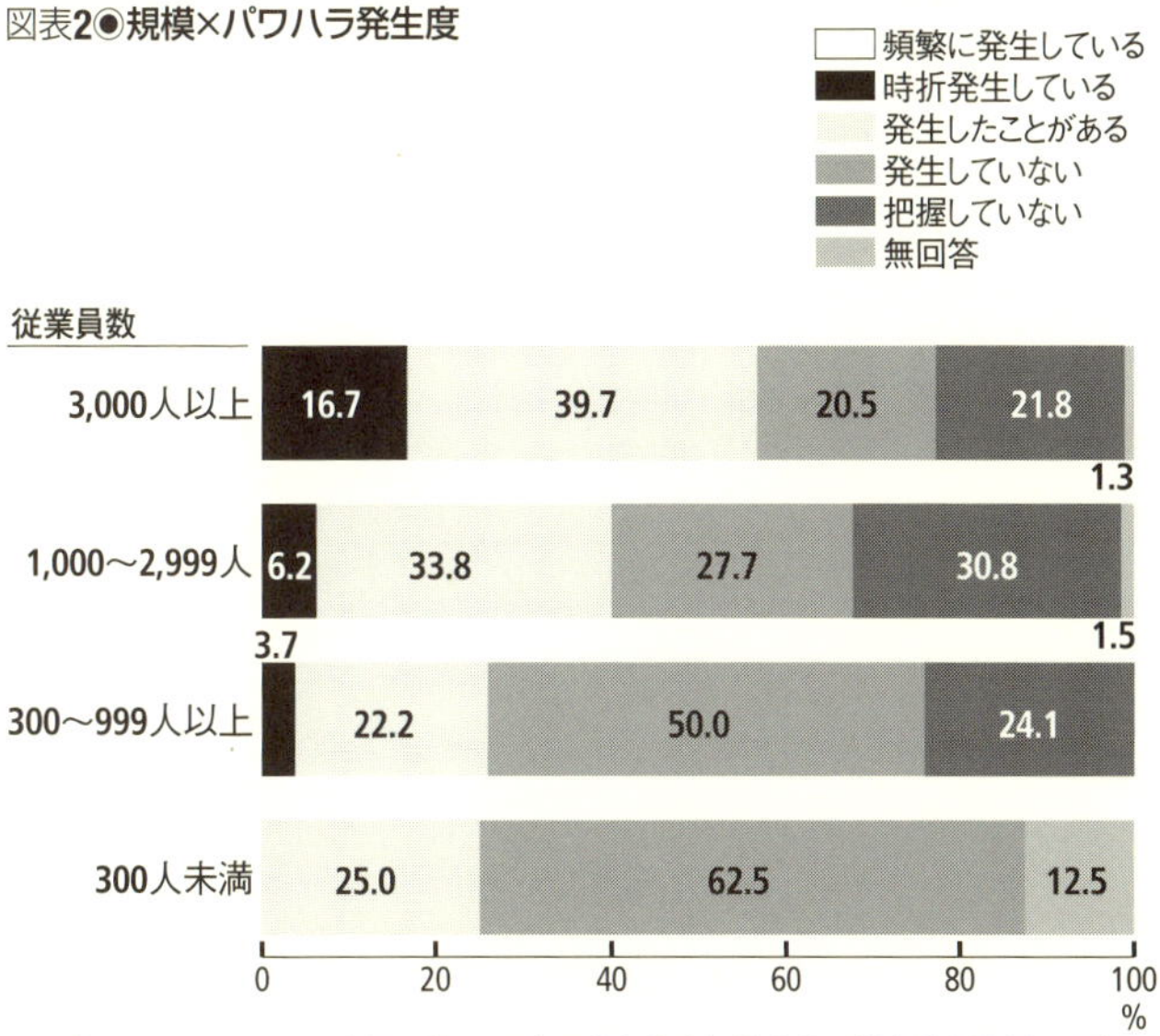

「パワー・ハラスメントの実態に関する調査研究報告書」（中央労働災害防止協会）より引用

ここで、東証一部上場企業を対象としたアンケート結果（中央労働災害防止協会「パワー・ハラスメントの実態に関する調査研究報告書」）を紹介しましょう（**図表2**を参照）。

アンケートを見ると、従業員300人以上の企業では、パワハラが「発生している」、または「発生したことがある」と答えた人が50％を優に超えています。5割を超えているということは、多くの企業でパワハラが日常的に行われていると解釈できないこともありません。

さらに興味深いのは、「パワハラ問題に取り組むことで派生する問題

図表3◉職場でどのような問題が派生することに
留意する必要があると思いますか（3つまで）

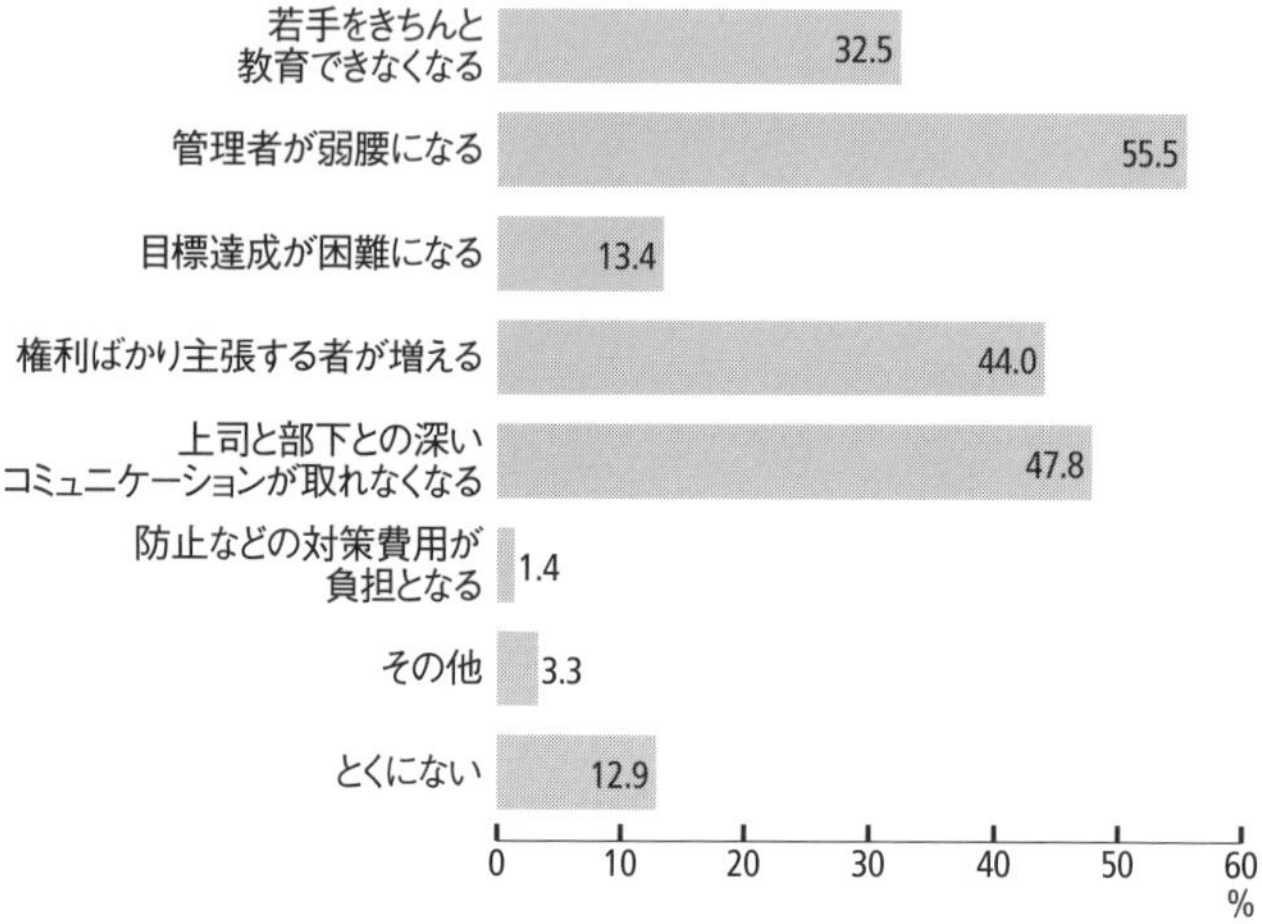

「パワー・ハラスメントの実態に関する調査研究報告書」（中央労働災害防止協会）より引用

（複数回答）」（**図表3**を参照）として、5割超の人が「管理者が弱腰になる」と答え、5割近くの人が「上司と部下との深いコミュニケーションが取れなくなる」と答えています。

パワハラは、相手の人権や尊厳を侵害して精神的な苦痛を与える人権侵害であるにもかかわらず、この問題に取り組むことで、「上司と部下とのコミュニケーションが取れなくなる」という間違った解釈をする人が半数以上いる現状には驚かされます。

まず、リーダーが正しくパワハラを認識し、メンタルヘルスの重要性を理解し、メンタルヘルス的職場風土を醸成することに強い意欲を持つ。そして率先垂範することによって、メンバーへの浸透を図り、みんなが「会社へ行くのが楽しい」と思える、やりがいのある職場風土をつくる。これこそがリーダーの役割であり、その職場風土が企業成長に及ぼす効果は絶大なものがあります。

◉メンタルヘルス的職場風土を築くための七つのステップ

職場風土に関する書籍は多数出版されているので、ここではメンタルヘルス的職場風土の醸成に必要な七つのステップについて、要点を押さえておきましょう。

①リーダー自らの意識改革
②全社員（または自部門）に向けてメッセージを伝える
③リーダーによる率先垂範
④会社のルール・体制を把握する
⑤業務実態を把握する
⑥個人の意識を確認する

⑦考え方の乖離を縮める

それぞれのステップで何を行うかを具体的に見ていきましょう。

①リーダー自らの意識改革

まず、リーダー自らが、「業績とメンタルヘルスは企業成長の車の両輪」であるという認識をしっかり持つことが必要です。頭で理解するだけではなく、心の底から理解することです。

心の底から理解するというのは、本当にそれが大切であると思うことです。「労災認定や損害賠償訴訟などの金銭的なダメージは受けるかもしれない」といった程度の認識ではなく、職場の士気低下や会社に対しての不信感などによる業績の低下、社員の生活や人生をも脅かすことになりかねないという認識を持ち、予防することの重要性を理解することです。そして、その責任を自分が負っているという自覚が求められます。

表面的な理解では部下を納得させることはできませんし、率先垂範もうわべだけを取りつくろったものになってしまいます。本音の部分で重要性を認識できるまで意識改革を徹底する必要があります。

②全社員（または自部門）に向けてメッセージを伝える

「業績とメンタルヘルスは企業成長の車の両輪」というメッセージを、強力にアピールします。個人のパフォーマンスを上げるために、また部門の業績を上げるために必要なことを伝え続けます。一度伝えて終わりではなく、伝え続けることが大切なのです。

必要に応じて、次のような事項を、定期的、または不定期に実施して、メッセージを伝えましょう。

● 社長自ら経営会議の場において全役員に対して重要性を伝える
●「メンタルヘルス」推進タスクフォースを設置し、会社としての方針を定める
● 全社員に向けたメール配信や社内報などへの掲載を通して、会社としての方針を明確に伝える
● すべての役員に対して、役職に応じた啓発・教育を行う
● すべての役員は、自部門の部課長に具体的な計画を伝える

●部課長は、部下へ具体的な行動を伝える
●ＰＤＣＡサイクルにのっとって、定期的に浸透度をチェックする

③リーダーによる率先垂範

リーダーが率先して実践することで、メッセージが重要性を持ってきます。社員が「あのメッセージは本気なんだ」と思えるように行動します。また、パワハラやセクシャルハラスメントなどは絶対に許さないという態度を示します。自分の言動についてはもちろんのこと、他人の言動や態度にも注意して、職場で起こるすべてのハラスメントに対しては、絶対に許さないという姿勢を見せることが必要ですし、起きたハラスメントに対しては強硬な姿勢で臨みます。

④会社のルール・体制を把握する

残業や休日出勤の取り決め、振替休暇や有給休暇に対する会社の方針、セクハラに対する罰則規定などをリーダーがしっかり把握して、必要に応じて部下に説明できなければなりません。

⑤業務実態を把握する

自部門メンバーの時間外労働の状況、休日出勤と振替休暇取得の状況、有給休暇の消化率、業務の質や量、難易度などを個人レベルで把握する必要があります。

⑥個人の意識を確認する

部門長は、メンタルヘルスに関する部下への意識づけの評価（正しい認識の確認）を行わなければなりません。目標設定の場面やプロジェクトの中間・終了時点、新しいプロジェクトの始動期、定期的なミーティング、不定期のヒアリングや声かけなどを通して、部下が正しく認識しているかを確認します。

⑦考え方の乖離を縮める

部下の残業に対する考え方、振替休暇や有給休暇取得についての考え方、ストレスへの認識、メンタルヘルスの重要性に対する意識など、⑥を通して確認したことを自分の考えと比較して、乖離がある場合（正しい認識ではない場合）は、その乖離を縮めなければなりません。部下一人ひとりに対して確認し、乖離を修正していくことで、メンタルヘルスの重要性を部門内に浸透させていきます。

部下を建設的な考えに導く

◉挑戦する意欲を持てる職場風土をつくる

部下には二種類のタイプがあります。一方は、挑戦する意欲のある部下、もう一方は、挑戦する意欲のない部下です。

とはいえ、実際に部下が挑戦しているかどうかということよりも、部下が挑戦するマインドを持てる職場風土であるかどうかが、とても重要です。挑戦意欲を持てる職場風土が醸成されていれば、実践することはたやすく、部下も自然と挑戦に意欲的になっていくものです。まずは挑戦する職場風土を醸成することが必須課題です。

挑戦する意欲は、建設的なものの考え方から生まれます。まず、建設的なものの考え方をする部下の提案と、そうではない部下の提案を見てみましょう。

【建設的なものの考え方をする部下の提案例】

●売上げを伸ばすために、〇〇〇を試してみたい

●生産効率を高めるために、○○○をこのように改善してみたい
●集客を図るために、○○○のPRを検討してみたい
●○○○を改善するために、○○○をやらせてほしい

この例からもわかるとおり、主役は部下自身です。自分で考察し、検討し、アイデアを出して、挑戦したいという気概があります。自らが実施者、作業者として携わりたいという熱意も感じられます。また、自分の置かれたポジションやミッションを考え、その役割に対する責任と、挑戦することに対する責任を自ら積極的に果たそうとする責任感が伝わってきます。

【建設的なものの考え方ができない部下の提案例】
●○○○を改善してほしい
●○○○を検討してほしい
●○○○の問題が発生しています
●何とかしてほしい。どうにかしてほしい

これらの提案例では、主役は部下ではなく、訴えている相手です。具体的な方法は考えず、自ら携わることも避けています。また、自分の役割を放棄し、責任を相手に押しつけています。これは、すべて人に頼ろうとする姿勢の表れです。

このように建設的なものの考え方ができない部下の集団では、何も挑戦することはできません。リーダーには負荷ばかりがかかり、部門の業績を上げることなど、とても期待できません。

なぜ建設的なものの考え方ができないのでしょうか。それは、問題を自分のこととしてとらえていないからです。することをつねに指示されていたり、監視されて注意やアドバイスを受け続けたりしていると、人間は問題を自分のこととしてとらえなくなってしまいます。

そうして、問題が起きても自分で解決するのではなく、だれかが解決法を考え、指示を出してくれるのを待つようになります。つまり、他力に頼る意識が根づいてしまうのです。

それを予防するために必要なことは、次の2点です。

①指示・アドバイスを安易に出さず、本人に気づきを与える

②失敗を許容する

それぞれについて詳しく見てみましょう。

①指示・アドバイスを安易に出さず、本人に気づきを与える

カウンセリングの非指示的な手法に、「来談者中心療法」があります。この手法の基本は、クライエント本人が問題に関する気づきを得て、自分の力で解決しようとする気持ちを大切にすることで、カウンセラーが指示を出したり、アドバイスをしたりすることはありません。

もちろん、必要に応じて情報を提供することはありますが、カウンセラーの価値観や経験からアドバイスをすることはありません。それをしてしまうとカウンセリングではなく、人生相談になってしまいます。

この手法を、部下のマネジメントに応用するのです。大切なことは、部下は「自己成長力と自己実現傾向を持っている」と考え、その可能性を信じることです。

職場においては、さまざまな心理療法を行うことなどできないので、リーダーが部下の意見を傾聴することによって、部下自身に気づきを与え、自分の問題としてとらえるように仕向けることが大切です。安易に指示を出したり、アドバイスを与えたりせずに、ときには傾聴して部下の「心を反射する」ことをおすすめします。

心を反射するとは、事柄の応答や感情の応答、意味への応答などに関して、思っていることや感じていることを伝え返すことです。安易な指示やアドバイスからは気づきは生まれません。

傾聴と気づきの関係については、後で詳しく述べます。

②失敗を許容する

もう一つ、建設的な考え方を阻害する要因として、失敗を許容しない上司について考えてみたいと思います。

リーダーがつね日頃から、「新しいことに挑戦しろ」「積極的にチャレンジしろ」といった言葉を口にする職場は、けっこう多いのではないでしょうか。すべての挑戦が良い結果に結びつけば何も問題はありませんが、なかなかそうはいきません。実際には、試行錯誤を重ね、失敗を繰り返して、少しずつ前進していくことのほうが多いでしょう。

そこで問題になるのが、部下が失敗したときに上司が取る対応です。部下が新しいことに挑戦して失敗したとき、それを批判的に叱責する上司がいますが、そういう上司は、本気で部下に挑戦してほしいと思っていません。だから、部下の挑戦を称賛する気持ちより、失敗への不満が勝ってしまうのです。それではいくら「挑戦しろ」と言っても、口先だけになってしまいます。

部下は、失敗を許容せずに叱責するだけの上司を、「口先だけの上司」とすぐに見破り、「失敗して怒られるくらいなら、挑戦するのはやめておこう」という気持ちを持つようになります。さらに、建設的な意見を言うことをためらったりするようになります。そして、その雰囲気が職場全体を覆うようになり、建設的な考えを持たない、挑戦できない職場風土が形成されていきます。

「ビジネスは結果がすべて」と言われますが、結果をすぐに批判して叱責すればするほど、良い結果が遠のいてしまいます。リーダーは、勇気を出して挑戦した部下をきちんと称賛する。この基本が挑戦する職場風土の醸成には不可欠です。

そして、次の挑戦が少しでも良い結果に結びつくようにサポートします。そうすることによって、部下は建設的な意見を言ったり、提案したりすることに意義を見出し、部門の問題を自らの問題ととらえ、挑戦していく気概を持つようになるのです。それを積み上げることによって建設的な職場風土が醸成されていき、部下全員がチャレンジし続けるマインドを持てるようになるのです。

部下自ら正面から問題に取り組む姿勢が生まれる

◉「気づき」の重要性

問題を自分の問題としてとらえられず、その解決から逃げようとする意識が働くときには、自分のなかで次のような言いわけを用意しているものです。

- ●問題に取り組む時間がない
- ●問題の焦点をとらえきれていない
- ●問題解決の手法がわからない
- ●だれかが問題を解決することを期待している
- ●問題解決の援助者が見つからない
- ●他人の責任で問題が発生したと思っている

●たいした問題ではないと思い込もうとしている

仕事をやらされているという心理状態のもとでは、人はどうしても問題を自分の問題としてとらえることができなくなります。自分の問題としてとらえるために必要なのは、自分が仕事の当事者だという「自覚」です。そして、自覚を得るためには「気づき」が必要になります。気づきがあるからこそ自分自身の問題としてとらえることができますし、自分の仕事としての自覚を持つこともできます。

小さな「気づき」でも、それを得ることで自分の問題としてとらえられるようになりますが、問題解決に多大な努力を要したり、苦痛を伴ったりする場合は、それだけ強烈な「気づき」が必要になります。

問題を解決するために強烈な「気づき」が必要な、アルコール依存症患者のケースを見てみましょう。アルコール依存症は病気なのですが、本人の意志が弱いために克服できないと社会からは見られがちです。しかし、意志を強く持つだけでは治りません。治すためには、身体的な治療と心理的な治療が必要です。

アルコール依存症は長期にわたって体を蝕むため、肝機能障害などを引き起こし、体がぼろぼろになった状態で病院へ担ぎ込まれるケースが少なくありません。そこで数カ月間、身体的な治療をして退院しても、また再発して入退院を繰り返す事例も多々あります。このようなケースにおいて、根本的に治すためには何が必要なのでしょうか。

ある患者は20年に及ぶ格闘の末、アルコールと縁を切ることができました。この患者は何度も断酒を宣言しましたが、いつも挫折して入退院を繰り返していました。そのため周囲にも大変な迷惑をかけ、会社からも見放されてしまいました。家族に与えた苦しみが並たいていのものでないことは、容易に想像できます。

そんなときに出合ったのが、「役割交換書簡法」という心理療法です。これは、「ゲシュタルト療法」における「エンプティチェア」という技法を手紙に置き換えたものです。「ゲシュタルト療法」とは、フレデリック・パールズ（Frederik Perls：１８９３〜１９７０年）が開発した心理療法で、個人的な責任を認めなくてはならないという仮説に基づいた実存的現象的なアプローチです。最初の目標は、気づきをクライエントに引き起こすことにあります。

一方、「エンプティチェア」とは、空の椅子を置き、そこにクライエントの心のなかの分身やクライエントにとって重要な人物などが座っていると仮定して、その相手と対話をさせる心理療法です。

このケースでは、患者が奥さんに手紙を書き、それに対する返事を患者本人が書く、さらに奥さんの返事（実際は患者が書いたもの）に、患者自身がまた返事を書く、という役割交換書簡法を繰り返して、自己と他者双方の視点に立って「自己対決」を図り、「気づき」を得て問題解決を図りました。

自分に都合のよい考えや浅い内省だけでは、建設的な行動は期待できません。この患者の場合は、自分にとってとてもつらい現実と向き合い、自己対決することで課題の焦点化がなされ、自分の問題に気づき、自己理解や他者理解、状況の認識という自己洞察が深まっていきました。

役割交換書簡法の創始者である春口徳雄先生は、「気づきとは治療そのものである」と言っています。また、「自己対決なくして、真の反省と行動化は期待できない」とも言っています。

この心理療法は、少年院をはじめ、小・中学校や病院などにも豊富な臨床例がありますが、ビジネスの現場で用いられている例は少ないと思われます。しかし、「自己対決」や「気づき」があるからこそ「行動変容」が可能になるという考えとプロセスは、ビジネスにおいてもとても重要な視点で、十分に応用できるものと思われます。

部下が何らかの問題に直面して一生懸命に自己対決を試みていたり、ささいであっても何かしらの「気づき」を得た場合などは、リーダーはしっかり傾聴し、受容してあげることが大切です。傍目にはささいなことに見えても、当人にとってはとても大きな「気づき」の場合もあるのです。

頭だけで理解して、「そんなことは当たり前だ」「いま頃わかったのか」といった不用意な発言をよく耳にします。リーダーには、頭で理解するのではなく、部下の気持ちを大切に考えることがときには必要になります。部下の感情を理解しようとし、部下の情動に働きかけるからこそ、部下は動くのです。

部下が動くということは、「行動変容」です。行動変容は、自己対決や気づきから生まれます。気づきは情動への働きかけから生まれ、傾聴は情動に働きかけます。

部下に「やる気」の姿勢が生まれる

◉本当にやりたい仕事を見つける

次に、部下の「やる気」について考えてみましょう。そもそも、人の「やる気」はどのようにしてつくり出されるのでしょうか。

人から「何々をやれ」と言われても、そう簡単には心が動きません。「言われたからやる」「やりたくないけどやる」「しょうがないからやる」「給料をもらっているからやる」「怒られるからやる」「やる気がないと思われたくないからやる」などなど、必ずしも「やりたいからやる」という状況ではない場合が多いものです。

自分の心のベクトルとは違ったことをしなければならない場合、またはやらされているという認識のもとに行っている場合は、疲れやすく、ストレスもたまりやすくなります。クオリティの高い結果を期待することも難しいでしょう。

逆に、自分がやりたいことをやっている場合は、仕事であれ趣味であれ、どんなに時間がかかろうが、どれほど困難なことであろうが、疲れにくく、ストレスもたまりにくいものです。また、結果に対しても、クオリティを高めようとする意欲が涌いてきますし、持続したり推進したりする力、困難に立ち向かう力、問題に正面から立ち向かう力なども生まれてきます。

マグレガーのY理論について前述しましたが、彼は「目標達成に献身するかどうかは、それを達成して得る報酬次第である。自我の欲求や自己実現の欲求の満足が最大の報酬となる」と説いています。仕事を通して得られる報酬が明確になっており、その報酬が自我の欲求や自己実現の欲求を満たすものであるならば、その人のモチベーションは保証されているると言えるでしょう。モチベーションに大切なのは、外的報酬ではなく、自我の欲求や自己実現の欲求の満足といった内的報酬です。

では、そうした報酬が明確になっていない場合、または自我の欲求や自己実現の欲求が現状の仕事では満たされないと思っている場合は、どうすればよいのでしょうか。

結論から言うと、現在の仕事では自己実現の欲求が本当に満たされないのかを、熟考することです。その結果、自己実現にまったくつながらないのであれば、適材適所・適職、やりがいという観点からも、早い時点で転職を決断することも必要になるかもしれません。

また、会社のなかで自分のやりたいことを提案したり、収益を上げる仕組みをつくったりすることが必要になるかもしれません。しかし、現実を直視し、視野を広げたり、視点を変えたり、また将来を見据えたりすることによって、自己実現につながる仕事を発見することもあります。いまの職場でやっていこうと考えているのなら、自己実現の欲求を満たす仕事を積極的に、そしてできるだけ幅広い視点で探すことが肝要です。

たとえば、スキルの向上が図れる要素を探してみましょう。マネジメント能力を高めることができる、プレゼンテーション能力を磨ける、コミュニケーション能力を高められる、顧客との折衝・交渉能力を高められる、営業力をつけられる、段取りやスケジューリングのコツがつかめる、提案力をつけられる、経理の知識を養える、企業会計・財務の知識を高められる、情報技術を高められる、コンプライアンスの知識を高められる、新規事業を立ち上げられるなどなど、さまざまなことが発見できるでしょう。

たとえ業務内容が希望するものとは違っていても、そこで得られる、身につけられるものはかなりあることに気づくはずです。

そして何より大切なことは、自己実現の欲求が、何であるか、どのようにして見出せばよいかという根本的な課題を解決することです。

◉本気で「やろう」と思わせるには

わかりやすいように、少年院などの更生施設にいる少年たちの事例を紹介しましょう。

彼らはつらい境遇で育ったケースが多いのですが、一線を越え犯罪に手を染めた少年たちです。そうした少年たちに更生を促すのに、「罪を犯してはいけない」「人に迷惑をかけてはいけない」と言うだけで、更生を期待できるでしょうか。

答えはノーです。それだけでは、彼らが本気で「更生しよう」と思わないからです。では、本気で「更生しよう」と思わせるために、そうした施設では何をしているのでしょうか。アルコール依存症患者の事例で述べた「役割交換書簡法」を使っているケースがありますので、それを紹介します。

少年たちの多くは、少年院に入院した当初は、「捕まったのは運が悪いから」とか、「自分が犯罪に手を染めたのは親のせい」などと反省の心を持ち合わせていないことが多く、なげやりな態度や反抗的な態度を取ったり、攻撃的になる傾向が見受けられます。そんな少年たちも役割交換書簡法によって、心理的な統合を図ることが可能なのです。

ある少年は、母親との確執から罪を犯して入院しました。このケースでの役割交換書簡法では、実際には出さない手紙に、いままでの恨みつらみを書き綴ります。母親に宛てた手紙に不満をぶつけることで、うっ積された感情が表出され、カタルシス効果が得られます。そして、今度はその手紙に対する返事を、本人が母親になりきって書くのです。さらに、それに対する返事を母親宛てに書く、というように、何度も何度も繰り返します。

この作業は、自分の嫌な部分を突きつけられ、いままで避け続けてきた自分の非を否が応でも攻め立てられるというつらい作業です。しかし、自分の立場と相手（母親）の立場になって、繰り返し考えることによって、客観的に自分を見つめることができるようになり、本当に相手の立場で物事を考えられるようになります。そして、いままで避けてきた状況から逃げずに、現実を直視することができるようになります。

自己と他者双方の視点に立ち「自己対決」をすることで、自己洞察と他者理解が深まり、反省や感謝の気持ちが芽生え、自分の問題に気づいていきます。この「気づき」があるからこそ、少年たちは更生の道をたどることができるのです。

薬害・酒害患者に役割交換書簡法を実施する際、事前に患者に「親や子どもの気持ちがわかりますか」と聞くと、ほとんどの人が「わかります」と答えます。しかし、実施後には、「親や子どもの気持ちがまったくわかっていなかったことに気づきました」と答えるようになります。

気づきとは、表面的な、頭で理解する程度のものではなく、つらい「自己対決」という作業を経て獲得する「行動変容」そのものなのです。この「気づき」があって初めて、「やる気」が起こるのです。「やる気」は人から与えられるものではなく、本人が「気づき」を得て獲得するものなのです。

◉パフォーマンス・ループの効果

それでは、社員の「やる気」を高める方法について考察を進めていきましょう。マネジメント理論の一つに、「パフォーマンス・ループ」があります。これは、インプット→プロセス→アウトプットと進め、その結果、本人の内面に生じる事柄次第で動機（モチベーション）に影響を与えるというものです。

まず、インプットとしてゴールを明確に定め、必要なリソースを確認します。また、役割や責任範囲、権限なども明確にする必要があります。そして、実際の仕事のプロセスに入るわけですが、仕事の仕方などの行動パターン、いわゆる素養と本人の動機、スキルなどが影響して、仕事の成果としてアウトプットされます。

その仕事を行った結果は、大きく分けて次の4パターンに分類されます。

①会社にとっても本人にとっても望ましい肯定的な結果
②会社にとっては肯定的だが、本人にとっては否定的な結果
③会社にとっては否定的だが、本人にとっては肯定的な結果
④会社にとっても本人にとっても否定的な結果

本人のモチベーションが高まるのは、本人にとって肯定的な結果となる①と③の場合です。もちろん、いちばん理想的なのは、会社にとっても望ましい①です。

では、①の「会社にとっても本人にとっても肯定的な結果を出す」ために、リーダーは何をすべきでしょうか。ここでは次の二つのことを考えてみます。

①結果に対してのフィードバック
②本人に気づきを促す、本人に検証させる

①結果に対してのフィードバック

まず、結果に対してきちんとフィードバックすることです。適切なフィードバックは本人の動機に直接的に作用するので、モチベーションが高まっていくのです。

ここで重要なのは、良い結果であれ悪い結果であれ、正しくフィードバックすることです。望ましい結果に対するフィードバックは、上司としても比較的伝えやすいものです。

しかし、望ましくない結果のフィードバックは、なかなか気がすすまず、ときには伝えなかったり、伝えたとしてもあいまいな伝え方や威圧的な伝え方になってしまうことがよくあります。

言いたいことを伝える、言いたくないことでもアサーティブ（自分も相手も大切にした自己表現。３章で詳述）に伝えることが大切になってきます。

癒し系リーダーはアサーティブにフィードバックを返すことができるので、部下の「やる気」を高めることができるのです。

②本人に気づきを促す、本人に検証させる

本人に気づきを促し、パフォーマンス・ループがきちんと機能しているかを検証させることが大切になります。具体的な検証内容を挙げてみましょう。

自分のポジション：自分の仕事が職場のなかでどのような位置づけにあるのか、自分の役割や仕事の重要性などを理解しているか否かで、モチベーションは大きく変わってきます。部門のミッションと自分のポジションが明確になっている場合は、パフォーマンス・ループがきちんと機能します。

自分のスキル：仕事を進めるために必要なスキルが自分に備わっているか、足りないスキルは何かなどを把握していることが必要です。

研修の必要性：現在の仕事に役立つ研修プログラムはあるか。またはどのような研修が効果的であるかを本人が認識していることが必要です。また、その研修を受けられる環境（状態）にあるかといった環境面の検証も求められます。

将来展望：自分のあるべき姿や望みなどを自覚しているか。5年後や10年後といったスパンで自分の将来を展望することは、モチベーション向上に役立ちます。長期的な視野に立つことによって、嫌な仕事に対しても納得感を持って携わることができるようになります。

ここで重要なのは、上司がこれらのことを検証して部下に伝えることではありません。あくまでも部下自身が自らを振り返って検証することで、気づきを得るのを上司がサポートすることです。上司が気づくのではなく、本人が気づくことが大切なのです。そのためには、上司が部下に、右記の事柄に関して質問をしたりして、傾聴することが大切になってきます。

上司が、「○○のスキルが足りない」などと指摘したり、「○○の研修に行け」と指示するだけでは、部下に気づきは生まれません。上司の「もう少し教えてもらえるかな」「どう考えているのかな」というような問いかけに部下が答えることによって、本人に状況を把握させ、洞察を促すことが重要なのです。

部下のストレス軽減につながる

◉ストレスはなぜ生じるのか

最後に、癒し系リーダーが部下のストレス軽減に対して、どのような効果をもたらすかを見ていきましょう。

まず、ストレスについて簡単に説明します。生体が外部から物理的、心理的、社会的な刺激を受けて緊張や歪みの状態を起こすと、これらの刺激（ストレッサー）に順応、適応しようとして一種の防衛反応が起こります。この防衛反応がストレスです。適度なストレスは交感神経系を目覚めさせ、判断力や行動力を高めますが、過剰で慢性的なストレスは不快感や病気を誘引します。

生理学者ハンス・セリエ（Hans Selye：１９０７～82年）のストレス学説では、生体の共通の反応として、副腎の肥大（内分泌系）、胸腺・リンパ系の萎縮（免疫系）、胃・十二指腸潰瘍の発生（自律神経系）を挙げています。
次に、ストレッサーへの心身の具体的な反応を見てみましょう。

【身体化（身体症状として現れる場合）】
●身体症状：肩こり、倦怠感、疲労感、頭痛、動悸、めまい、下痢、食欲不振、睡眠障害など
●身体疾患：消化性潰瘍、気管支喘息、片頭痛、過敏性腸症候群など
●精神疾患：不安障害、気分障害、適応障害など

【情動化】
●不安、緊張、過敏、焦燥、抑うつ、気力低下、意欲減退など

【行動化】
●生活習慣の乱れ、アルコール依存やギャンブル依存、出社困難、仕事上のミス、作業能率低下、事故頻発など

ここに挙げたのは一例で、このほかにもさまざまな心身の反応が起こります。ストレス

状態はストレッサーとそれを受け止める個体側の条件いかんによって規定されますので、個人の人生観や価値観、個人の性格や親から受け継いだ素質も関係してきます。同じストレス（物理的、心理的、社会的）でも、個人の脆弱性（素質、後天的能力、対応力など）が大きくなるほど、精神疾患などが発生しやすくなることがわかっています。

一方、大規模な災害被災や犯罪被害のように非常に強いストレスが加わったときには、脆弱性が小さくストレスに強い人でも、多くの人がＰＴＳＤ（心的外傷後ストレス障害）になりやすくなります。

次に、職場のストレス要因を見てみましょう。

【職場のストレス要因】

●物理的、化学的、生物学的要因：危険作業、非衛生状態、暑熱・寒冷・多湿、騒音、振動、有害科学物質、空腹、睡眠不足、過労など

●人間関係に起因するもの：上司、同僚、部下、顧客、セクハラ、パワハラなど

●仕事の質や量、条件に関するもの：量と質の過剰・過小、長時間労働、責任の過大・過小、緊張仕事、不慣れな仕事、ＯＡ化、高度技術など

●組織に関するもの：昇進、昇格、定年、解雇、出向、転籍、業務内容の変化、雇用不安、年功序列制度の崩壊、成果主義、評価、降格、減給、単身赴任など

◉ストレスを軽減させるリーダーの五つの行動

これまで述べた以外にも、ストレス要因にはさまざまなものがありますが、通常、リーダーはストレス・マネジメントにのっとって、職場のストレス要因を減らすための対策を講じているはずです。その基本を押さえたうえで、リーダーが次の五つの行動を実践することで、職場におけるストレス軽減効果を最大限に高めることができます。

①緩衝要因としての役割を果たす
②部下のストレッサーを軽く流さない
③部下に対して「ストレス対処の三つのR」を実践させる
④部下の変化に「気づく」
⑤アサーティブに発言する

それぞれの内容を具体的に見ていきましょう。

①緩衝要因としての役割を果たす

前述したように、ストレス状態はストレッサーとそれを受け止める個体の条件いかんによって規定されますが、ストレス反応を軽減させる要因として重要な役割を果たすのが緩衝要因です。家庭であれば、いつも見守ってくれている家族がいるとか、愚痴を聞いてくれる夫や妻がいるとか、子どもを抱いていると癒されるなどといったことが緩衝要因になります。

職場ではどうでしょうか。上司から理解されていない、愚痴を聞いてくれる同僚がいない、だれからもサポートを得られないといった孤立無援状態では、ストレス反応の軽減は期待できません。

そこで重要な役割を果たすのがリーダーです。リーダーは、部下に対してしっかりとした緩衝要因としての機能を果たさなくてはなりません。部下の仕事量や困難度、スピードや達成意欲などを気にかけながら、見守り続けます。ときには「大丈夫か」といった声かけをして傾聴する姿勢を示すことで、部下は持っている能力を最大限に発揮できる状態を維持できるようになります。

家庭でも職場でも、緩衝要因になりうるものが存在している場合は、ストレスからメンタルヘルス不全にはなりにくく、恵まれた環境であると言えるでしょう。職場においては、リーダーがこの視点に立って、意識的に緩衝要因としての機能を果たし、部下のパフォーマンスをサポートすることが重要です。

②部下のストレッサーを軽く流さない

職場では部下や同僚から、「子どもが病気になってしまって」とか、「妻（または夫）とうまくいってないから、離婚するかもしれない」などと、個人的な問題を打ち明けられることもあるでしょう。また、仕事に関しても、「いまのプロジェクトが大変で、もうヘトヘトだ」とか、「○○に関して責任だけ押しつけられた」などといった不満を聞かされることもあります。そうしたとき、たいていの人は、「弱音を吐くな」とか、「頑張れ」などと言って、相手を励まそうとするでしょう。

ここで少し、励ましの言葉について考えてみましょう。元気のない人に「頑張って」と励ますことはよくあります。励まされた人もその言葉がきっかけで、気力を取り戻すことが多いでしょう。しかし、それには次の二つの条件が必要です。

時間的な要因：一時的に元気をなくしている人に「頑張れ」と言うのは有効ですが、元気のない状態が長く続いている人にそう言っても、表面的な気遣いや社交辞令に受け取られることもあり、心に響きません。

元気のない程度：傍目にもひどく落ち込んでいることがわかり、病気が心配されるほど元気をなくしている人に安易に「頑張れ」と言うと、「これ以上もっと頑張らなくてはならないのか」と受け止められて、さらに努力を強要することになってしまいます。相手を余計に追い込むことになりかねません。そのように負のメッセージと受け取られてしまうと、心が負のスパイラルに陥って自己否定につながり、より苦しくさせてしまう恐れもあります。

いままでずっと頑張ってきたのに、努力がなかなか報われなかったり、その頑張りが限界に近づいている人には、「頑張って」と言う代わりに、「よく頑張ったよね」という言葉をかけてあげましょう。そうすれば、「そうだ、自分はいままで頑張ったんだ。だから、つらいと感じることは当たり前なんだ」と気づきが生まれることがあり、自分を受容できるようになります。

人は自己受容ができると自己洞察が進み、建設的なものの考え方ができるようになりますので、ストレスを和らげる効果があり、心の健康を保つうえでもとても重要です。

大切なのは、その人のつらさは本人以外には計り知れないという認識に基づいて、少しでも察してあげよう、感じてあげようとすることです。部下がストレスで苦しんでいるときに、「よくあること」と軽く流さず、「本人にとっては自分が想像する以上につらいことかもしれない」という心構えで聴くことが大切です。

ストレッサーの測定法に、「社会的再適応評価尺度」があります。これはライフイベントを生活変化単位値（ＬＣＵ：Life Change Units value）として、ストレッサーの強度を客観的に数値で表したものです。これによると、過去1年間の合計点数が３００点以上の場合、うつ病や心疾患などの発生率は80％、３００〜１５０点では53％とされています（**図表4**を参照）。

図表では「配偶者の死」がＬＣＵ１００となっており、最大のストレッサーとされています。ほかにも、「離婚」がＬＣＵ73、「配偶者とのトラブル」がＬＣＵ35、「仕事上の責

図表4◉社会的再適応評価尺度

順位	出来事	LCU
1	配偶者の死	100
2	離婚	73
3	配偶者との離別（別居等）	65
4	拘禁や刑務所入り	63
5	家族の死	63
6	ケガや病気	53
7	結婚	50
8	失業	47
9	婚姻上の和解	45
10	退職	45
11	家族の健康上の変化	44
12	妊娠	40
13	性的な障害	39
14	新しい家族ができる	39
15	ビジネスの再調整（転職等）	39
16	経済状態の変化	38
17	親友の死	37
18	仕事の変化	36
19	配偶者とのトラブル	35
20	1万ドル以上の借金	31
21	借金やローンの抵当流れ	30
22	仕事上の責任の変化	29
23	息子や娘が家を出る	29
24	親戚とのトラブル	29
25	自分の特別な成功	28
26	妻が仕事を始める、辞める	26
27	学校に行く、卒業する	26
28	生活条件の変化	25
29	習慣の変化	24
30	上役とのトラブル	23
31	労働条件の変化	20
32	住居の変化	20
33	学校の変化（転校等）	20
34	気晴らしの変化	19
35	宗教活動の変化	19
36	社会活動の変化	19
37	1万ドル以下の借金	17
38	睡眠習慣の変化	16
39	同居家族数の変化	15
40	食習慣の変化	15
41	休暇	13
42	クリスマス	12
43	軽度な法律違反	11

Holmes,T.H.&Rahe,R.Hより引用

任の変化」がＬＣＵ29となっています。

この数値は個人によって、またそれぞれのケースによって異なります。人によってはいくつもの強いストレッサーを受けていることもあり、リーダーは「そのストレッサーは、この人にとってはつらいかもしれない」ということを前提に傾聴することが必要になります。リーダーとして持つべき心構えは、部下を思いやるという、ごく当たり前のことなのです。

③部下に対して「ストレス対処の三つのR」を実践させる

ある職場での出来事です。Aさんは数カ月間あるプロジェクトに携わり、いくつかの問題にも突き当たりましたが、そのつど困難を乗り越え、無事にプロジェクトを完遂しました。その間、時間外労働や休日出勤も多々ありましたが、プロジェクトが終了したら家族と旅行することを励みに、なんとか乗り越えることができました。

Aさんは、これほど頑張ったのだからと、上司に休日出勤の振替休暇を申請しました。ところが上司は、「長い間振替休暇を取得できずに頑張っている人がいるのに、ちょっとたまったくらいですぐに消化しようとするな。仕事を優先しろ」と言うのです。予想外の上司の言葉に、Aさんはひどく落胆し、仕事への意欲も失せてしまいました。
ストレス対処でいちばん大切なのは、疲れたら休むことです。この当たり前のことができない職場が実際には多く、社員をメンタルヘルス不全に追い込んでいるのが現状です。
ストレス対処の基本に「三つのR」があります。「Rest」「Relaxation」「Recreation」です。それぞれについて、考えてみましょう。

Rest：休養、睡眠のことです。「休めない」は危険信号です。疲労感はエネルギー低下のサインですから、休養を取ってエネルギーを充電しなくてはなりません。疲れたら休むという職場風土を醸成することが何よりも大切です。

Relaxation：リラックスした状態では、心拍数の低下、血圧の低下、皮膚温の上昇など、生理的な変化が生じます。これらの生理的な変化は、イライラや不安な気持ちが和らぐなど、ストレスを高じさせないことにつながりますし、身体への負荷が軽減されます。

Recreation：運動や旅行、趣味などのレクリエーションを行うと、心身が精神的な緊張から解放され、リフレッシュ効果がとても大きいものです。また、これらを企画することが励みとなり、現在のつらさを乗り越えられることもあります。

ストレス対策上、欠かすことができないのが、「カタルシス効果」です。カタルシス効果とは、心の浄化作用のことです。

カウンセリングの現場では、カウンセラーがクライエントを無条件に尊重し、批判や評価を行わないので、クライエントは安心して胸のうちにたまったものを吐き出し、すっきりすることができます。これがカタルシス効果です。

このカタルシス効果は、カウンセリングだけで得られるわけではありません。映画を観ていて、主人公が自分と同じような境遇にあると思えたときなど、「自分が思っていることはそういうことなんだ」「このつらさをわかってほしかったんだ」と感情を表出して、とても強いカタルシス効果を得られることもあります。

映画でも本でも、身近な人との会話でも、「心が洗われるような」何かすっきりできるものを見つけると、ストレスは軽減されます。ときにはたくさんの涙を流して、心を癒すことも必要です。

職場においてリーダーが傾聴を実践することで、部下にカタルシス効果をもたらすこともでき、ストレス対策としても非常に効果的です。

④部下の変化に「気づく」

ストレスが高じると、メンタルヘルス不全に陥るリスクが高くなります。リーダーは日頃から部下に対する気配りを怠らず、部下の変化を敏感に察知しなくてはなりません。部下の変化に気づくポイントは、「集団からのズレ」と「その人の常態からのズレ」です。気配りから「気づく」変化を具体的に見ていきましょう。

【気配りから「気づく」部下の変化】

◆勤怠に関して
- 遅刻、早退、欠勤が増える
- 休みの連絡がなくなる
- 休む理由が変わる、またはあいまいになる

◆業務に関して
- 業務の効率が低下している
- 残業や休日出勤が増えている
- ミスや事故が多くなっている

●業務に対する意欲が低下している
●対人トラブルや顧客トラブルが増えている
◆生活に関して
●元気がなくなる、顔色が悪い、笑顔がなくなる、挨拶をしなくなる
●報告や相談、会話がなくなる
●服装が乱れる。化粧や髪に無頓着になる
●飲酒の頻度や量が増える

このような変化は、日頃から気を配っていなければ見過ごしやすいものです。リーダーは意識して、部下の言動や態度に気をつけ、変化が起きていないか注意する必要があります。そして、変化に気づいたら、まずは声かけをします。「どうしたの?」「最近元気がないようだけど、体調はどうだい?」などと問いかけ、その応答を観察します。

答えが論理的で説得性があり、ふさぎ込んでいる様子がなければ問題ないかもしれませんが、ただ「大丈夫です」とか、「何とかやってます」などと、あいまいな反応を示すことも多いものです。そのような場合には、「何か悩みでもあるのかな?」と、さらに踏み

込んで聞くことも必要です。それに対する応答をしっかりと受け止め、傾聴することが求められます。必要に応じて休むことを提案したり、場合によっては健康管理室や医療機関を紹介することが必要なケースもあります。

部下のストレスを高じさせず、メンタルヘルス不全者をできるだけ出さないためにも、この「気配り」→「声かけ」→「応答の受け止め」→「傾聴」のプロセスを踏むことが重要になってきます。

⑤アサーティブに発言する

先ほどのAさんのケースのように、上司に「休みたい」と伝えたとき、「仕事を優先しろ」と言われてしまった場合の受け止め方は、通常、次の二つのタイプに分かれます。

●自分の気持ちを伝えずに我慢してしまうタイプ

●「攻撃的」に反応するタイプ

それぞれ具体的に見ていきましょう。

自分の気持ちを伝えずに我慢してしまうタイプ：自分の思いより上司の言い分を優先させますが、自分に対して無力感や敗北感、劣等感や自己嫌悪などを抱きやすく、自信喪失につながっていきます。また上司に対しては、恨みや怒りの感情が起こりがちで、攻撃的な気持ちや敵意も生じやすくなります。場合によっては、上司を軽蔑するようになるかもしれません。

自分の気持ちにフタをすることになるので、たまった気持ちのマグマがいつか爆発することもありえます。

このタイプの人はつねにストレスをためることになり、それが常態化すると心の健康にも影響が出てきます。

「攻撃的」に反応するタイプ：上司の言葉に反発して、「プロジェクトをやり終えて休むことの、どこが悪いんですか」と詰め寄ったりします。また、「振替休暇は当然の権利なので、休みます」と、上司の言い分を無視して自分の意見を押し通します。

このタイプは、相手の気持ちを無視するので反感を持たれ、怒りや恨みを買うことになります。また、本人も、攻撃的に主張することで、一瞬はさっぱりした気分になるかもしれませんが、後になって「言いすぎてしまった」「ついカッとなってしまった」などと悔やんだり、後悔することも多く、よりいっそうストレスが増すことにもつながります。

このように、自分の気持ちにフタをして他者の意見を優先したり、相手の意見に頭ごなしに反論したりするのではなく、自分のことも考えて他者にも配慮するのがアサーティブな自己主張です。自分の権利を大切にすることと同時に相手の権利も尊重するのが、アサーティブの基本精神なのです。

Aさんのケースをアサーティブな表現に直すと、Aさんの発言は「プロジェクトを無事終えたら家族と旅行しようと計画しておりましたので、今度は休みをいただきたいと思っています」となります。けっして相手を攻撃することなく、しかし自分が思っていること、伝えたいことを率直に伝えています。

言いたいことが言えない職場風土、話をまったく聴いてくれない上司を多々見かけます。こうした職場のメンバーはストレスがたまる一方ですし、心の健康面でも悪影響が出ます。また、何を言ってもダメだとあきらめムードが蔓延し、建設的な意見がまったく出なくなります。

リーダーは、自分の意見をはっきり伝えると同時に、部下の権利も十分に尊重しなくてはなりません。職場のコミュニケーションにおいてリーダーがアサーティブを実践すれば、それが部下にも良い影響を及ぼし、建設的な意見が飛び交う、いきいきとした職場になっていくのです。

2章

癒し系リーダーに必要なスキル：傾聴法

1章では「癒し系リーダー」の魅力に迫りましたが、2章と3章では「癒し系リーダー」に必要な二つのスキル、すなわち「傾聴法」と「アサーティブ」を具体的に見ていきます。

まず、二つの事例を引いて、傾聴法とは何か、傾聴による効果、傾聴の各技法について説明します。

1　傾聴法を取り入れた部下との会話

事例1：聴き手の側に思いやりや配慮が欠けている

傾聴法のイメージをつかみやすくするために、一つの事例を紹介します。IT関連企業に勤めるAさんと、その上司の課長との会話です。

Aさんは入社6年目で、初めてプロジェクト・リーダーに任命されました。そのプロジェクトが始動してから1カ月ほど経ったある日の朝、Aさんが課長の席に赴き、次の会話が始まりました。

Aさん1　課長、ちょっとご相談があるんですが。
課長1　おう、どうした？
Aさん2　……。
課長2　何だ、言ってみろよ。
Aさん3　できれば、会議室でお話ししたいのですが。
（会議室へ移動）
課長3　相談というのは、何だね？
Aさん4　はい。実は、いまのプロジェクトのリーダーを降りたいのですが。
課長4　なんだ突然。どうして降りたいんだ？
Aさん5　はい。実は……。（5秒間の沈黙）
課長5　何かあったのか？
Aさん6　ちょっと荷が重いというか、やり遂げる自信がないんです。
課長6　そんな弱気なことでどうする。

Aさん7　実は、この前もプロジェクト・メンバーのB君が出した資料に不備が見つかって、顧客の担当者から「プロジェクトの責任者なら、しっかりチェックしてくれ」と怒られてしまいました。

課長7　そりゃそのとおりだ。リーダーがしっかりしなくちゃいけないだろう。

Aさん8　はあ……。(10秒間の沈黙)

課長8　そうは思わんのか。

Aさん9　でも、プロジェクトの仕事は分担しているので、それぞれの担当ごとに責任を持って進めていくべきだと思うんです。私もいままでは、自分の担当分野の責任をしっかり果たしてきましたから……。それがみんな私の責任になってしまい、非難されるんです。怒られたときにはショックで、悔しかったです。

課長9　一担当者であればそうかもしれないが、キミはリーダーだろう。リーダーとしての自覚が足りないんじゃないのか？

Aさん10　私もメンバーに対しては、「提出する資料は不備がないかしっかり確認するように」と日頃から言ってるんです。

課長10　当然だろう。

Aさん11　……。（10秒間の沈黙）
課長11　お客さんにとっては、だれがどの担当かなんて関係ないだろ。
Aさん12　はい。
課長12　だれかがプロジェクト全体に目配りして進めないと、お客さんの満足は得られないだろう。それがキミの役割なんじゃないのか。
Aさん13　はあ……。（10秒間の沈黙）
課長13　キミもいつまでもプロジェクトの一員じゃなく、責任ある立場で仕事をしていかなきゃならないだろう。
Aさん14　それはそうなんですけど。いまは、リーダーを降りたいんです。

初めてプロジェクト・リーダーに任命された社員が陥りやすいトラブルの事例を挙げてみました。どのような印象を持たれたでしょうか。
傾聴法の観点から、課長の返答に見られる問題点や、不足している点をいくつか挙げてみたいと思います。

●課長2：相談を切り出しにくそうなAさんの心情を察することができず、相談を会議室で聞こうとする配慮が足りません。
●課長4、5：原因究明に走り、リーダーを降りたいというAさんの気持ちを受容していません。受容とは、相手をかけがえのない存在として尊重し、無条件に相手の考えや気持ちを受け入れることです。
●課長6：冒頭の部分（話が進んでいない状況）で激励してしまっています。状況が把握できていない状況でただ励ますのは無責任です。この時点で激励しても、うわべだけの言葉と受け取られてしまうでしょう。1章でも触れましたが、安易な励ましは、ときとして相手をさらにつらい気持ちにさせるという危険性もあります。
●課長7、9：顧客の担当者から怒られたショックや、非難されたつらい気持ちを無視し、批判や叱責を行っています。共感的理解がありません。
●課長8、13：自分の価値観を押しつけています。
●課長8、11、13：沈黙を大切に扱っていません。

このように、課長にはAさんの気持ちや感情を思いやる姿勢がありません。「人間は自己成長力と自己実現傾向を持っている」という人間観がなく、Aさんを信頼していることを示す態度が見受けられません。「自分の考えをわからせたい」という、説得の態度に終始してしまっています。自分の価値観を押しつけ、またれもが思いつく当たり前のアドバイスしかしていないのです。

結局、冒頭の「リーダーを降りたい」という言葉が最後にも繰り返され、この間の会話がまったく意味のないものとなってしまいました。

次に、会話中や会話後のAさんの気持ちはどのようなものか考えてみましょう。

●相談しなければよかったという気持ち（後悔、敗北感）
●課長はわかってくれなかったという残念な気持ち（自信喪失、無力感）
●やはり自分にはリーダーは無理だというあきらめの気持ち（自己嫌悪、劣等感）
●一方的なアドバイスや、価値観の押しつけで課長に対して反発したい気持ち（不信感、反感、敬遠、敵意）

事例1では、もともと問題を解決する能力のある部下を信頼することなく、よりネガティブな思考に追い込むような会話になっていることが、おわかりいただけたと思います。Aさんは相談前よりも、さらにつらい気持ちを抱くようになってしまいました。課長はむしろ相談に応じなかったほうが、結果的にはよかったと言えるでしょう。

事例2：当人に考えさせ、気づかせ、問題を解決させる

それでは、次の会話を見てください。シチュエーションは事例1と同じです。

Aさん1　課長、ちょっとご相談があるんですが。
課長1　おう、どうした？
Aさん2　……。
課長2　会議室で聞こうか。
Aさん3　はい。
（会議室へ移動）
課長3　相談というのは、何だね？
Aさん4　はい。実は、いまのプロジェクトのリーダーを降りたいのですが。

課長4　リーダーを降りたい？
Aさん5　はい。（5秒間の沈黙）
課長5　……。
Aさん6　ちょっと荷が重いというか、やり遂げる自信がないんです。
課長6　自信をなくしているんだね。
Aさん7　実は、この前もプロジェクト・メンバーのB君が出した資料に不備が見つかって、顧客の担当者から「プロジェクトの責任者なら、しっかりチェックしてくれ」と怒られてしまいました。
課長7　B君が出した資料の不備で、キミが怒られたんだね。
Aさん8　はい。とても悔しい思いをしました。
課長8　悔しい思いをした？
Aさん9　プロジェクトの仕事は分担しているので、それぞれの担当ごとに責任を持って進めていくべきだと思うんです。私もいままでは、自分の担当分野の責任をしっかり果たしてきましたから……。それがみんな私の責任になってしまい、非難されるんです。怒られたときにはショックで、悔しかったです。

課長9　それぞれの担当者が責任を持って進めるべきだと思っているのに、その責任を自分にばかり押しつけられて、悔しいと感じているんだね。

Aさん10　私もメンバーに対しては、「提出する資料は不備がないかしっかり確認するように」と日頃から言ってるんです。

課長10　ほう、そうなんだ。

Aさん11　なのに……。（20秒間の沈黙）

課長11　……。

Aさん12　でも、お客さんにとってはだれがどの担当かなんて関係ないですよね。

課長12　そうだね。

Aさん13　だれかがプロジェクト全体に目配りして進めないと、お客さんの満足は得られませんし、それが私の役割なんですよね。

課長13　自分の役割かぁ……。

Aさん14　自分の役割……、それが何かわかったような気がします。

いかがでしょうか。課長からのアドバイスはほとんどなく、Aさんが自ら考え、気づき、解決しようとする姿勢が見られます。本来、人間には自ら問題を解決する能力が備わっており、問題を自分の問題と認識して、問題点が絞り込まれたら解決策を探るものなのです。すぐにアドバイスや叱責などを行うと、自分の問題としての認識が持てなくなり、問題自体から逃げようとしてしまいます。

では、自分の問題としてとらえられるようになるには、どうすればよいのでしょうか。それは、事例2のように、傾聴法を意識した会話によって促されることがあります。会話に沿って、傾聴法の具体的な効果を見ていきましょう。

●Aさん1と課長1、Aさん2と課長2：Aさんの「相談がある」との申し出に、「どうした？」と返したのは事例1の課長と同じですが、Aさんの沈黙から言いづらい内容と察知し、会議室へ誘導するなどの配慮がありました。これは、「あなたの相談に対して、しっかり向き合います」という気持ちの表れで、それを伝えるメッセージとなります。これは、「場面構成」に当たります。

●Aさん4、課長4：「リーダーを降りたい」というAさんに対して、課長は「リーダーを降りたい？」と返します。相手が言ったことを、まずは受け止めたわけです。矢継ぎ早に質問を繰り返したり、原因究明に走ったりしないので、Aさんは聴いてもらっているという安心感を持ちます。これは「簡単受容」に当たります。簡単受容とは、「うなづき」と「あいづち」を適宜入れ、話のなかのキーワードを繰り返すことです。

●Aさん5、課長5：若干の沈黙があります。相手が率直に伝えたいことを伝えられるように、きちんと待っているのです。沈黙があっても、その前の会話で相手の発言を受容しているので、待つことができるのです。

●Aさん6、課長6：「荷が重い、自信がない」という不安やつらさの訴えに対して、「自信をなくしているんだね」と、ここでも相手を受容しています。これも簡単受容に当たり、先ほどの受容と相まって、次の「Aさん7」のように、怒られたことなどを安心して話すことができるようになります。

●課長7：怒られたことに対して、「B君の資料の不備で怒られた」というように、どのような経緯でそうなったかを返しています。これは、「事柄への応答」に当たります。事柄への応答とは、相手の話の趣旨や考え方などを受け取り、自分が感じた言葉で伝え返すことです。

●Aさん8、課長8：「悔しい思いをした」と初めて感情表現をしています。それに対し、「悔しい思いをした？」とその感情を伝え返すことで、Aさんに「つらさをわかってもらえた」という気持ちが起こります。

●Aさん9、課長9：Aさんが自分の仕事に対する考え方や責任、怒られた経緯と自分の感情を具体的に説明したことに対して、課長はその事柄と感情とを結びつけて返しています。これは、「意味への応答」に当たり、ここでは問題の本質に迫る効果を生んでいます。

●Aさん11、課長11：沈黙が続きますが、ここでAさんは自分の問題としてとらえ、自己洞察が進みます。そして、お客さまの視点やプロジェクト・リーダーとしての視点から考えられるようになり、解決への道のりを自ら歩むことになります。つまり、「Aさん12」ではお客さまの視点、「Aさん13」ではプロジェクト・リーダーとしての視点、そして、「Aさん14」で自分の役割がわかり、気づきが生まれたのです。

事例2におけるAさんの気持ちをまとめてみましょう。

●当初はB君の責任感の弱さに対する憤りや、顧客の担当者から叱責されたことへの悔

しさがうっ積していたが、課長に話を聴いてもらったことで、すっきりした気持ちになった
●自己洞察が進み、お客さまの視点という見方ができるようになった
●責任者としての自覚の必要性を感じ、自分の役割に気づいた
このように気づきがあるからこそ、行動変容が起こるのです。

2　傾聴法とは何か

「抱える」機能と「揺さぶる」機能

会話には、雑談、報告、連絡、相談、意見、依頼、苦情など、さまざまなものがありますが、傾聴が対象としているのは相談です。相談には二つあります。一つは、必要な情報を与えることによって問題を解決できるもの、もう一つは、明確な答えがなく、一般常識

やその人の価値観では解決できないものです。
職場において、前者の相談に対しては傾聴法を取り入れる必要はありません。しかし、情報を与えるだけでは解決できない悩みなどを相談されたときは、傾聴法を取り入れて解決を図っていくようにしなくてはなりません。
次に、傾聴の働きを見てみましょう。傾聴には、「抱える」機能と「揺さぶる」機能があります。

「抱える」機能：自分の話をじっくり聴いてもらえると、「受け入れられた」「支持された」という体験を持つことになります。この体験が安心感をもたらし、会話が進みます。

「揺さぶる」機能：揺さぶるとは、本人が気づいていないことや意識に上っていないものを、鏡のように映し出し、本人に伝え返すことです。さまざまな技法によって、これまで気に留めていなかったことを意識化させることができます。これによって、問題を解決する力や困難を乗り越える力をつけたり、自分自身が成長できるなど、新しい可能性が生み出されます。

傾聴に必要な五つの要素

傾聴に当たって必要な要素を五つ挙げておきます。

●相手の可能性を信じる
●相手との間に信頼関係を築く
●相手を受容する
●共感的理解を示す
●心構えを持つ

これらについては、すでに触れてきましたが、ここではとくに傾聴法を実践する際のポイントとしてきちんと理解しておいてください。

◉相手の可能性を信じる

人の話を聴く際は、その人の可能性を信じなければなりません。それは、「人間は自己成長力と自己実現傾向を持っている」という可能性です。

人は基本的に、人からアドバイスを受けたり、指導されたり、強制されたりするよりも、自分の力で成長することを望むものです。人には自分の力で成長し、悩みを解決する能力があり、自分の可能性を実現していこうとする傾向を持っています。これを信じるからこそ、真剣に話を聴くことができ、聴き続けることができるのです。

◉相手との間に信頼関係を築く

会話を促進するためには、良好な人間関係が前提として重要になります。たとえば、部下が上司に相談する場合、双方の信頼関係を構築することが必要になります。

では、部下からの信頼を得るにはどうすればよいのでしょうか。それには、何を話しても批判や評価されたりせず、受け入れられるという安心できる雰囲気を感じさせることが必要になります。信頼感がなければ部下は上司に対して防衛意識を強め、胸襟を開いて相談することができなくなります。信頼関係があるからこそ、本音を打ち明けることができ、問題の本質に迫れるのです。

◉相手を受容する

受容とは、無条件の肯定的配慮のことです。相手をかけがえのない独自の存在として尊重する考え・態度のことです。

聴き手は相談者に、自分の欲求を満足させるような内容や話し方、話の進め方をしてもらうことを求めてはいけません。自分の価値観や先入観などを挟むと、どうしても批判や評価が先に立ってしまい、ありのままに聴くことが難しくなるからです。相手の話に何も手を加えず、あるがままの形で入っていくような聴き方がよいのです。相手に対して「無条件」に「肯定的配慮」をするには、聴き手の価値判断を保留することが大切になります。

◉共感的理解を示す

共感的理解とは、相談者の主観的な見方、感じ方、考え方を理解し、その人のように見たり、感じたり、考えたりすることです。そのためには、相手が何を話しているのかではなく、何を話したがっているのかに注意する必要があります。

傾聴法の目的は、その時点で、その問題を解決するためだけのものではありません。その人が今後同じような問題にぶつかっても、乗り越えられるようになることが究極の目的です。問題を抱えている人に、単純にアドバイスをして解決を目指すのではなく、本人自ら問題解決できるように、傾聴法を使って気づきを促すのです。

たとえば、高い壁を乗り越えなければならないという状況があったとします。そのとき、壁の上から引き上げたり、下から押し上げたりして助けるのではなく、本人に、自ら乗り越えたいという気持ちや乗り越える気力を持ってもらうように手助けをするのが傾聴法です。壁を乗り越えるのは、あくまでも本人の力なのです。

では、その力を出させるために、聴き手は何をすればよいのでしょう。その第一歩が共感的理解です。その壁がどれほど高いのか、壁にはばまれたつらさはどれほどのものなのか、乗り越えるのがどれほど大変なことなのか、そのような状況を実際に体験しなくても、できる限り体験しているのに近い状態まで感じよう、感じ取ろうとする聴き方です。

そして、感じ取ったものを相手に伝えることで、相手も浅い理解ではなく、共感的に深く理解してくれていると感じることになります。

◉心構えを持つ

傾聴は単なる技法ではありませんし、ただ知識を得ればよいというものでもありません。

一番大切なことは心構えです。相談者の本質的な価値を心から認め、独自の存在として尊重するからこそ、傾聴が成り立つのです。傾聴の技法はそのためのツールであり、そのツールを使う心構えが何にもまして重要だということです。

1章でも触れたとおり、傾聴法は「言葉だけではなく、その背後にある感情の動きを見つめようとする心構え」です。話している事柄よりもその背後にある感情のほうが、はるかに重要なことが多いものです。「感情の言葉を聞き漏らすまい」「感情を感じ取ろう」と、心を傾けて聴くことが「傾聴」にほかなりません。

3 傾聴がもたらす効果

傾聴には信頼関係が必要なことはすでに説明しましたが、傾聴することが信頼関係を築くことにもなります。それ以外にも、傾聴の効果にはさまざまなものがあります。代表的なものは次の三つです。

●カタルシス効果が得られる
●自己受容が進む
●自己理解が進む

具体的に見ていきましょう。

◉カタルシス効果が得られる

話すことによって、胸のうちにたまっていたものを吐き出すことができ、すっきりした気分になります。これがカタルシス効果です。

批判されたり、評価されたりすることなく、無条件に尊重され受容されながら、安心して話ができるという状況は、日常生活ではあまり体験することはありません。傾聴はこの安心感のなかで進行していくので、会話が促進され、カタルシス効果が得られやすくなります。

カタルシス効果が得られると、さらに自己受容を促すなどの効果をもたらします。

あるカウンセリングの現場での話です。職場でつらい体験をしたCさんは、カウンセラーに受容されながら、その体験を話しました。

話の途中、カウンセラーの「おつらい立場ですね」という共感の言葉で、Cさんは涙が止まらなくなりました。自分の口から「つらい」という言葉を発しながら、どこかでCさんには、「これしきのことでつらいなんて口に出すのはよくない」「これくらいのことでつらいなんて言うのは自分が弱いからだ」という気持ちがありました。

しかし、人から（この場合はカウンセラー）「つらいですね」と言われたことで、Cさんはあらためて「つらいと言っていいんだ」「つらいと思っていいんだ」と思い直したのです。ここで初めて、自分のつらさに対して正面から向き合うことができ、自分のつらさをわかってくれた人の存在を感じることができました。

こうして思う存分涙を流したことで、Cさんはカタルシス効果を得ることができました。そして、Cさんは最後に、「問題は解決していませんが、何だかすっきりして楽になりました。これ以上はつらくならないような気がします」と言いました。

◉自己受容が進む

人は悩みを抱えていたり、つらいことがあったりすると、気持ちが沈みがちになり、ネガティブな思考に陥りやすいものです。そうなると問題と向き合ったり、建設的な解決方法を考えることも難しくなります。

これは、「自分は人に関心を持たれ、理解されるに値する人間だ」と思えることです。そこで必要になるのが自己受容です。

傾聴には、自己否定的になっている相手に対し、「自分の言っていることは価値のあることなのだ」と感じさせる効果があります。

そうして自己受容が進むと、問題と正面から向き合い、建設的な解決方法を考えられるようになります。

◉自己理解が進む

自分の話を真剣に聴いてくれていることがわかると、人はできるだけ正直に、正確に話そうと思うようになります。真剣に聴いてもらえるからこそ、正確に伝えたいという心理が働くのです。それが、自分は何を伝えたいのかを考えさせ、自己洞察を促します。

自己洞察とは、自分が置かれている状況や自分が取った行動、考え方、自分が他者に与えている影響などを振り返り、さまざまな角度から自分自身を検討することです。

さらに、正確に伝えるためには、自分の気持ちを正しく表現することも必要になります。

正確に話そうとするからこそ、自己洞察が行われ、その結果として、自己理解が進んでいくのです。

4 傾聴を実践するうえでの五つのポイント

傾聴を実践する際に陥りやすい誤りが、いくつかあります。ここではそうした誤りや注意事項、気をつけるべきポイントを見ていきましょう。気をつけるべきポイントは次の五つです。

- 「無知の姿勢」を忘れない
- 相手の話を正確に理解する
- 早急に結論を出さない
- 非言語的な表現にも気を配る
- 必要があれば専門家を紹介する

◉「無知の姿勢」を忘れない

「無知の姿勢」とは、知っていても知らないという態度で相手の話を聴くことで、カウンセリング用語として使われています。

上司は、部下よりも社会人としてのキャリアが長かったり、職場経験が豊富であったりすると、どうしても何でもわかったような気になってしまうことが多いものです。それが高じると、部下の気持ちまでわかったと勘違いしてしまう上司がいるのも事実です。

しかし、人の心はそう簡単には理解できません。部下から相談を受けたとき、その気持ちをわかったような気になっても、それが上司の思い込みにすぎないことは多く、部下との間にズレが生じてしまいます。

「人の心を理解することは難しい」という原点に立ち返り、「無知の姿勢」で話を聴くことが大切です。

◉相手の話を正確に理解する

部下には、自分の話をよく理解して聴いてくれているという安心感を与えることが必要です。

会話をしていても、「この人、わかってるのかな」と相手に疑問を感じることがあります。そうすると、「これ以上は話しても理解してもらえそうにないな」というあきらめの気持ちが起こったり、相手が理解しているかどうかに意識が集中してしまい、話をすることで自己受容を促したり、自己理解を深めたりするという本来の目的を果たせなくなってしまいます。

そうならないようにするためにも、部下が言ったことをそのまま返したり、自分が感じたとおりの言葉で表したりすることが必要になります。ときには、「それは、こういうことだね」と確認することも大切です。

◉早急に結論を出さない

部下が悩みを抱えていれば、上司はなんとかしてあげたいと思うものです。そして、その気持ちが強ければ強いほど、悩みを解決してあげようという誘惑に駆られます。

しかし、悩みを解決するのは本人であり、上司ではありません。本人が納得しない解決方法をアドバイスしてもなかなか受け入れてもらえませんし、たまたま納得が得られたとしても、次の問題に突き当たったときに同じように解決できなくなります。

傾聴の目的は、人に依存することなく、自ら解決策を導き出せるよう本人に気づきを与えて、本人の自己成長力に委ねることです。

前述した事例1では、課長はAさんに対し、「なぜ？」「どうして降りたいんだ？」「何かあったのか？」と、課長自身が問題を解決しようと質問攻めにしています。これでは、Aさんへの質問は単なる情報収集でしかなく、それをもとに課長が自分の判断や価値観を押しつけるだけになってしまいます。

傾聴は、聴き手（上司）が結論を出すことではなく、話し手（部下）が自ら結論を出せるように話を聴き、話し手の気持ちや感情に寄り添うことなのです。

◉非言語的な表現にも気を配る

コミュニケーションにおいて、言語以外から得られる情報量は9割と言われています。言葉だけですべてを判断することは非常に危険だということです。

たとえば、人はだれかに相談するとき、自分が抱えている問題を「たいしたことではない」と過小評価して伝える傾向が往々にしてあります。

カウンセリングの現場でも、「たいしたことではないのですが」「小さな悩みですが」

「ちょっと気になることがあって」などと切り出す人は多いものです。しかし、実際に聴き進めていくうちに、本人にとっては計り知れないほど大きな悩みであることがわかったりします。

1章で記した、お子さんを亡くされた女性のケースを思い出してください。机の下でハンカチを引きちぎらんばかりに握り締めていた姿を目にしなければ、カウンセラーは彼女の悲しみを察することはできませんでした。相手の心中を察するためには、言葉を聴き逃すまいという心構えを持つと同時に、非言語的な表現からもしっかり感じ取ろうとする心構えが不可欠なのです。

たとえば、「顔が青い」「目がうつろ」「ふさぎこんでいる」「いらだっている」「震えている」「声がかすれるように弱い」「あまりにも淡々としている」「あまりにも気丈にふるまっている」など、ささいなことでもピンとくる感性を養うことも必要です。

最初は、声の調子、表情、姿勢、手や目の動きなどに対して気を配ることから始めてみましょう。そこから相手の感情を感じ取ることが、いちばん大切だと言っても過言ではありません。

◉必要があれば専門家を紹介する

相談内容によっては、傾聴だけで解決できそうになく、専門家の力を借りることが必要になるケースもあります。これは傾聴における留意事項というよりも、相談を受けた際の留意事項として覚えておいてほしいことです。

相談を受けたとき、本人の力だけで解決するのは難しいと思えたら、たとえば医療機関や弁護士、警察などを紹介し、そこに相談することをすすめなくてはなりません。

ただし、その際には細心の注意が求められます。精神科への受診が必要と思われたとき、ストレートに「精神科へ行ったほうがいいよ」などと言うと、相手は大きなショックを受けるでしょう。

伝えるには、それ相応のスキルを要します。いちばんよいのは、一段ハードルを下げてそこへつなぐ努力をすることです。たとえば、「かなり疲れているようだから、カウンセリングを受けてみてはどうだろう」と提案し、そのカウンセラーから精神科医を紹介してもらうのも一つの方法です。

カウンセラーの代わりに社内の健康管理室や産業医、心療内科をすすめるという方法もあります。

その場合も、安易に病名や症状などを口にしてはいけません。「元気がないのはうつ病ではないか」とか、「睡眠障害はうつ症状の一つだよ」などと「疾病性」を出す必要はありません。

本人に伝えることは「事例性」だけです。「今月はすでに3日休んでいる」「最近遅刻が多い」などと事例を提示して紹介することが基本になります。

大切なことは、気になるキーワードが出たときなどは聞き流さず、専門家への相談が必要か否かの観点から吟味してほしいということです。

たとえば、「自殺」という言葉が相談者の口から出た場合はどうでしょうか。「自殺」の話を下手に膨らませては大変だとの思いから、聞き流したくなるのが心情でしょう。

しかし、緊急性があるかもしれない状況において、触れずに済ませようと考えるのは間違っています。緊急性があるか危険性が高いかを判断するには専門家のアセスメントが必要であり、そのためにも相談することが必要なのです。

ここで強調したいのは、傾聴をしているときに気になる言葉が出てきたら、けっして受け流さず、専門家への相談を要する案件かどうか考えてほしいということです。

5　傾聴の効果を高める八つの技法

「相手をかけがえのない独自の存在として尊重する」、そして「その人の自己成長力と自己実現傾向を信じて、真剣に耳を傾ける」「相手の感情を大切に扱い、批判や非難、評価を交えずに安心させてしっかりと受容する」——これらを心がければ、ほとんどの会話は傾聴の効果を発揮します。

　しかし、さらに効果を高めるさまざまな技法が存在します。ここでは、そのなかでもとくに重要と思われる、次の八つの技法を取り上げます。

- かかわり行動
- 簡単受容
- 事柄への応答
- 感情への応答

●意味への応答
●要約
●質問
●沈黙

それでは、具体的に見ていきましょう。事例2で挙げた課長とAさんの会話の場面で各技法を使っていますので、それを参照しながら読み進めるとより理解が深まると思います。

◉**かかわり行動**

かかわり行動とは、聴き手の「きちんと相手の話を聴こうとする気持ち」を、身体的・言語的に表した動作のことです。この動作には、相手への関心の強さ、相手を尊重している度合い、聴くための心構えなどがすべて出てしまいます。そのため、話す側も自分に対する聴き手の気持ちを敏感に感じ取り、話す意欲の強弱に影響を与えます。

そこで注意点を押さえておきましょう。通常の会話においても求められる基本的なことですが、これを押さえておかなければ傾聴の効果に影響が出てきます。

【かかわり行動での注意点】

姿勢：体を後ろに反らさず、自然な感じでやや前傾姿勢を取り、話し手への関心を示します。脚は組んだり揺らしたりすることがないように、しっかり床につけます。腕組みも避けましょう。

視線：凝視することなく、自然に相手に視線を向けます。そして、話している間は、なるべく視線を逸らさないようにします。

言語による応答：返答する際にしゃべりすぎないことが鉄則です。話の途中で口を挟んだり、話題を変えたりせず、話し手が話の主導権を握れるようにします。

これらの注意点は、会話におけるマナーとして覚えておくべきことです。たしかに、普段の会話でもつねにかかわり行動を取るべきだとは思いません。連絡や報告、仕事上の簡単な打ち合わせなど、傾聴が必要ない場面もあるからです。

しかし、それにも程度の問題はあります。部下が話しているのに上司がパソコンから目を離さなかったり、まるで上の空で聞いていたり、「結果を先に言え」「根拠を明確にしろ」といったことを口グセにしていたりすると、部下は上司に相談しても、「どうせ聴いてもらえないだろう」という先入観を持ってしまいます。

その結果、仕事に影響する悩みやトラブルを抱えていても相談しなくなってしまいます。それが部門の業績に悪影響を及ぼすことは言うまでもないでしょう。

部下との会話で、いつもかかわり行動を意識する必要はありませんが、つねに意識からはずすことなく、日頃から「相談したら聴いてくれそうだ」と思わせるような向き合い方をしていることが必要になります。

◉簡単受容

簡単受容とは、聴いているときに「うなづき」や「あいづち」を適宜入れ、話のなかのキーワードを（一語か二語）繰り返すことです。

「うなづき」は、話し手のペースについていくという気持ちの表れですし、「あいづち」は、話し手を理解しようとする努力の表れです。また「繰り返し」は、「話のなかの大事なところをしっかり聴いています」というサインになり、こうした態度を見せることによって、話し手を受容するという効果を生むことができます。

ただし、表面的に「フンフン」とうなづいても、心から関心を持たなければ表情や態度に表れてしまい、効果はありません。

通常の会話でも、相手の話に「うなづき」や「あいづち」を挟むのは、だれでもすることです。ことに目上の人や上席に当たる人に対しては、普段から行っているでしょう。これは、話している人に対して、「聴いているのか、聴いていないのかわからないような態度を取っては失礼だ」と認識しているからできるのです。

ところが、部下に対しては、これができない上司が多いようです。それは、自分のほうが目上だから、上席だから相手から敬われるべきだ、という意識が働くからです。しかし傾聴では、この意識は隅に置いておかなくてはなりません。たとえ部下であっても、傾聴のときには対等に向き合うことが必要になります。

◉事柄への応答

「事柄への応答」とは、「内容の再陳述」「繰り返し」「言い換え」などを行うことで、相手の話の趣旨や考え方などを、自分が感じ取った言葉で簡潔に伝え返すことです。ただし、あまりこればかりを繰り返すと、話が堂々巡りになることがありますので注意を要します。

事柄への応答を行うことにより、聴き手である自分の理解度をチェックしたり、確認したりすることができます。また、話し手の考えを整理し、具体化するのを助けることにもなります。

前述の事例2では、Aさんが「実は、この前もプロジェクト・メンバーのB君が出した資料に不備が見つかって、顧客の担当者から『プロジェクトの責任者なら、しっかりチェックしてくれ』と怒られてしまいました」と言ったことに対して、上司である課長は、「B君が出した資料の不備で、キミが怒られたんだね」と、A君が主張した事実のみを受け取り、返しています。

一方、事例1の課長は、「そりゃそのとおりだ。リーダーがしっかりしなくちゃいけないだろう」と「悪いのはお前だ」と決めつけ、Aさんを非難し、叱責しています。その後、Aさんは沈黙することとなり、この時点で、課長に相談したことを後悔し、話を続ける意欲を失いはじめています。

このように事柄への応答では、聴き手の主観や評価を交えず、話し手が訴えていることのみを返します。それが、事実であるか否かはこの時点では意味がありません。事実であるか否かは、話を進めていくうちに、話し手自らが洞察し、気づいていくものです。

聴き手は、話し手が言っていることが正当なのかを意識することなく、言っていることはそのまま受け取って返し、話し手が本当に言いたいことは何かに意識を集中することが大切です。

◉感情への応答

「感情への応答」とは、話し手の言葉や態度にこめられた感情的な表現を注意深く受け止め、伝え返す技法です。

「感情への応答」は話し手の感情表現に対する応答で、感情表現がされていないものへは「事柄への応答」になります。たとえば、「離婚してしまった」と返すのは「事柄への応答」、「離婚してつらい」と返すのは「感情への応答」になります。

「感情への応答」には、「感情の反射」と「感情の明確化」の二つの種類があります。

感情の反射とは、評価や偏見を加えず、明確かつ簡潔にそっくりそのまま伝え返すことです。感情の明確化とは、はっきりしない、言い表していない感情を感じ取って伝え返すことです。

感情を受け取り、話し手にうまく感じ取ったことを伝えられれば、「自分の気持ちをわかってもらえた」という安心感につながります。また、聴いてもらったときに発生する力タルシス効果も、感情の応答がしっかりできたときには、さらに大きくなります。

事例2の「Aさん8」は、「とても悔しい思いをしました」と明確に感情を表現しています。それに対して課長は、「悔しい思い」という感情表現を簡潔に返しています。この応答でAさんには、「つらさをわかってもらえた」という気持ちが生まれてくるのです。

それに対して事例1の課長は、感情の応答どころか、「リーダーとしての自覚が足りないんじゃないのか」と叱責になってしまっています。その後、Aさんは自分なりに努力していることを説明しますが、課長から「当然だろう」とたたみかけられ、話を続ける気力を完全に失い、ほとんど言葉を発することもできず、沈黙が続いてしまいます。

話し手が感情を表出したときには、できるだけ逃さないようにすることと、その感情に対して評価や否定をすることなく、そのまま受容することが大切です。傾聴の技法のなかでも、この「感情への応答」が最も重要です。これができたかどうかで、最終的な傾聴の効果に影響が出てしまうと言っても過言ではありません。

◉意味への応答

「意味への応答」とは、「事柄への応答」と「感情への応答」を合わせたもので、事柄と感情の結びつきを理解し、伝え返すことです。事柄への応答を行うときには、感情への応答を結びつけ、感情への応答を行うときには、経験や状況、事柄と関連づけて応答することになります。

冗長にならないよう、簡潔にまとめることが必要です。また、そのときの感情を表した言葉をただ受け取るのではなく、話し手の感情の流れを理解し、事柄と感情を結びつけて応答するようにします。

事例2の「Aさん9」では、自分の仕事に対する考え方や責任、そして怒られた経緯と自分の感情を具体的に説明しています。それに対し「課長9」は、「担当者が責任を持って進めるべきだと思っているのに、その責任が自分にばかり押しつけられて、悔しいと感じているんだね」と、これまでの経緯（事柄）と感情を結びつけて返しています。

話し手もそれまで事柄と感情を別々に話していても、結びつけて返されたときに、初めて関連して理解したり、全体を把握したりすることが多いものです。

◉要約

まず、次の会話を見てください。これは、新入社員のDさんと上司である課長との昼食時の会話です。

【事例3】

課長1　どう、少しは慣れたかい？

Dさん1　はあ。少しずつ。（うつむいたまま）

課長2　なんだ、少しふさぎ込んでいないかい。何か嫌なことでもあったの？

Dさん2　（5秒間の沈黙）

課長3　何かあるんだね。

Dさん3　実は、先日E先輩から「もうお前には教える気がなくなった」と言われてしまって……。

課長4　教える気がなくなった、と言われた。

Dさん4　はい。それで私もカチンときて、つい「いいです。F先輩に教えてもらいます」と言ってしまって。

課長5　ほう。カチンときてつい言ってしまった。

Dさん5　はい。それ以来、本当に教えてもらえなくなってしまって。でもF先輩にもわからない、E先輩だけが知っていることも結構あって、いまちょっと困っているんです。
いまさら「教えてください」とも言えず、仕事が進まなくなってしまって。

課長6　いまさら聞くこともできず、仕事が止まって困っているんだね。

Dさん6　はい。（20秒間の沈黙）

課長7　……。

Dさん7　どうすればいいかはわかっているんです。E先輩から教えてもらわないと仕事が進みませんから。

課長8　そう思っているんだね。

Dさん8　はい。でもE先輩もひどいと思います。

課長9　ひどいっていうと？

Dさん9　もともと自分の仕事なのに、私に押しつけたりして。で、「これはEさんの仕事じゃないですか」と言ったら、「つべこべ言わず、やれよ。勉強になるから」と……。でも、「忙しくてできない」と断ったら口論になってしまって。

課長10　それで、「もうお前には教える気がなくなった」と言われてしまった。

Dさん10　はい。（20秒間の沈黙）

課長11　……。

Dさん11　でも、いまやっている仕事は、あのときやれと言われた先輩の仕事と似ているところがあって、注意しなければいけないところが同じなんです。その注意点を覚えるために、E先輩は「やれ」と言ったのかな？

課長12　E君はキミのことを考えて、自分の仕事を「やれ」と言ったように思えてきたのかな。

Dさん12　そうですね。もしそうだとしたら、私も少し言い過ぎたように思います……。何か人の仕事を押しつけられて、E先輩にうまく使われているように感じていたんですが、心の底では私のことを思ってくれていたのかもしれません。

課長13　自分のために言ってくれた、と。

Dさん13　ええ。きっとそうですね。

課長14　ついカッとなって、「もう教えてもらわなくてもいい」ってE君に言ってしまったけど、仕事が進まず困ってしまった。人の仕事を押しつけられたと感じていたけど、よく考えてみると、自分のためであり、仕事を覚えてもらう目的だと思えてきたということかな。

「要約」とは、話の段落やセッションの終わりに、話の趣旨をまとめて伝え返すことです。広範囲にわたる「事柄への応答」や「意味への応答」に相当するもので、自分の考えをまとめたり、見直したりする助けになります。また、事柄と感情を関連づけて要約することで、さらに自己洞察を深めるのを促す効果もあります。

話しながら洞察を進め、問題がおぼろげながらわかりかけてきたと聴き手が感じられたときに要約することで、より鮮明に状況を把握できることは多々あります。事例3では、「課長14」が要約に当たります。

Dさんは「人の仕事を押しつけられている」と感じていましたが、会話が進むうちに、それが自分に対する教育の一環ではないかという視点が生まれ、洞察を進めていきます。課長は、「Dさん13」の「ええ、きっとそうですね」という発言で、彼がそれを確信できたと判断し、要約を行っています。

タイミング的には、いままで揺れ動いていたものが確信へと変わり始めたときで、転換点と言える瞬間です。

Dさんは自分でも、「E先輩に教えてもらわないと仕事が進まない」ことを認識していきます。同時に、素直に教えを請えない感情も認識しています。

しかし、「自分も言い過ぎたように思う」という反省の弁には、E先輩に教えてもらえるよう関係を修復したいという気持ちがにじんでいます。それを察してこのタイミングで要約することで、Dさんは教えを請うことに対するきっかけや勇気が得られ、背中を押す効果も出てくるわけです。

◉質問

聴き手が黙って聴いているだけでは、本当に関心を持って聴いてくれているかどうかが、話し手には伝わりません。相手の言葉に応答したり、わかりにくいときや確認したいときなどに質問することで、関心を持って聴いていることが伝わります。また、本当に相手の状況や気持ちを理解するには、質問は欠かせません。

質問には「開かれた質問」と「閉ざされた質問」の二種類があります。

①開かれた質問

「……してくれませんか」という尋ね方は、話し手が自由に回答できる開かれた質問です。

たとえば、「もう少し詳しく教えてもらえますか」「そのときはどのような気持ちになりましたか」などです。事例3での、「課長9」の「ひどいっていうと?」は、開かれた質問に当たります。

②閉ざされた質問

「はい」「いいえ」などの返答や、単純な事実で答えられる質問のことです。たとえば、「それは何度ありましたか」「それはいつからですか」「休日出勤の振り替えはたまっていますか」などです。

事例3での、「課長1」の「どう、少しは慣れたかい?」は、閉ざされた質問に当たります。「業務に支障が出ていますか」という質問は、基本的に「はい」「いいえ」で答えることが可能なので閉ざされた質問になりますが、「業務への影響について教えてもらえませんか」となると、開かれた質問になります。

閉ざされた質問でも、「はい」「いいえ」の後に説明を加えることは自由なので、話したい気持ちがあれば「はい」「いいえ」だけで終わらず、自然と説明が続くことが多いものです。また、終始「はい」「いいえ」だけの答えになっていれば、話し手の気持ちがほぐれていないことも考えられるので、答えやすい開かれた質問を投げかけ、傾聴していくことが必要になります。
ここで、質問についていくつか留意事項を挙げておきましょう。

①「どうして?」は極力避ける

「どうして?」という質問は、相手に窮屈な印象を与え、防衛的にさせる恐れがあります。何度も繰り返せば、明らかに相手を非難していることにもなりますので、注意が必要です。

②話し手を追及しない

質問の仕方によっては、相手を追い込むことにもなります。「なぜ、そうしたの?」「このようにできなかったの?」といった質問は、相手を追い詰めてしまいます。

③話し手を誘導しない

話を聴いていると、自分の知識や経験則から「こうすればうまくいくのに」という考えが起こります。そうすると、その方向に相手の考えを導きたくなってしまい、つい誘導的な質問をしがちです。解決策を考えるのは話し手自身なのですから、安易に誘導することは控えるほうがよいでしょう。

④聴き手の興味だけで質問をしない

話の本筋ではないことでも、つい興味本位で聴きたくなってしまうことがあります。会話の目的を思い返し、聴き手の興味本位で質問することは慎まなくてはなりません。

⑤問題解決のための情報収集をしない

悩みを聴いていると、とかく解決してあげたくなってしまうのが人情です。とりわけ上司と部下の間では、上司には簡単に解決できる問題が多いものです。しかし、本人自身の問題解決を図るために傾聴を行うわけですから、聴き手は最後まで伴走者に徹することを忘れてはなりません。この基本に立ち返り、自分が解決するために情報を集めるような聴き方をしてはいけません。

◉沈黙

会話中に相手に沈黙されると、人は相手の気持ちを勝手に推測して、不安になったり、怖さを覚えたり、腹を立てたりと、ケースや相手によってさまざまな感情を抱きます。

こうしたときの感情は、どちらかというとネガティブなものが多いでしょう。通常は、そのネガティブな感情を追い払おうと、相手の沈黙を破ることが多くなります。しかし、沈黙のなかには、じっと待ってあげたほうがよいものもあります。

沈黙には、「待つべき沈黙」と「応答すべき沈黙」の二種類があります。

①待つべき沈黙

相手が沈黙している間は、必死に何かを考えていることが多いものです。一生懸命に考えているときに、それを遮るような行為は控えたほうがよいでしょう。また、どのように話そうか、どういう順序で伝えようかなど、考えた結果を伝えようと準備していることもあります。

さらに、自分の内面を注視していたり、心のなかで葛藤していたりすることもあります。その内面注視によって気づきを得られるかもしれませんし、葛藤の結果、問題を克服できるかもしれません。そのときに沈黙を与えなければ、気づきが得られなかったり、葛藤を克服できなくなる可能性もあります。待つべき沈黙のときは、じっくり待つことが必要なのです。

②応答すべき沈黙

人は、ミスをした後の弁明をする場や非難や批判を浴びる可能性のある場、または相手の権力や権威が自分よりはるかに上だと感じている場などでは、極度に緊張したり、不安になったりするものです。そのような緊張や不安から話し出せず、沈黙してしまうこともあります。

こうしたケースにおいては、聴き手側はただ沈黙を待つだけではなく、緊張や不安を和らげるような言葉を投げかけるなどの応答が必要になります。

また、聴き手に対して強い抵抗がある場合にも沈黙は起こります。このケースもただ待っているだけでは、らちが明きません。そのほかに、話すことがなくなってしまった場合や、聴き手の発言を待っている場合にも応答すべきでしょう。

大切なのは、「待つべき沈黙」か「応答すべき沈黙」かを判断することです。そして、待つべきときはしっかり待つ、応答すべきときはできるだけ状況に合わせることが大切になります。

ここで、事例3の沈黙の中身について、見てみましょう。

Dさん2：課長から「何か気になることでもあったの？」と聴かれ、話そうか話すまいか躊躇していると受け取れます。この場合、Dさんが判断に迷っていると考えた課長は、若干の沈黙の後「何かあるんだね」と促すことで、会話を進めようとしています。

Dさん6：いままでの経緯を振り返り、仕事が進まない状況を再認識していると受け取れます。打開策は自分でもわかっているのですが、自分の感情を克服できずに葛藤しています。それを察した課長も沈黙して、Dさんが話し出すのを待っています。

Dさん10：洞察が進み、内面を注視している状態です。自分の感情と並行して、E先輩の気持ちも考えられるように視点が広がってきています。ここでも課長は、待ちの姿勢で応じています。

このように、沈黙の中身を熟考して、待つべきときはじっくり待ってあげることが必要です。考えているときや内面を注視しているとき、葛藤しているときなどは、時間的な余裕がなければ良い結果を出すことはできません。

3章

癒し系リーダーに必要なスキル：アサーション

3章では「癒し系リーダー」に必要なもう一つのスキル、「アサーション」を見ていきます。コミュニケーション・パターンやアサーションの基本、人権などを通してアサーションとは何かを把握します。そして、実際に伝える場面、すなわち「要求を伝えるとき」「NOを伝えるとき」「感情を表現するとき」「批判に対処するとき」のポイントを具体的に見ていきます。

1 アサーションとは何か

アサーティブ・トレーニングのすすめ

アサーションは、アサーティブ、アサーティブネスなど、さまざまな呼び方がありますが、語訳は「自己主張すること」です。本書では、必要に応じて、アサーション、アサーティブを使い分けていますが、意味合いは同じです。

アサーティブであることとは、ただ単に自分の意見を押し通すことではありません。自分の気持ちや意見を、相手の権利を尊重しながら表現することです。

人というのは、長年にわたって培ってきた考えや態度、習慣などはなかなか変えられないものです。しかし、自分のコミュニケーション・パターンに気づき、訓練することによって、徐々に変えていくことも可能です。その適切な自己表現（自己主張）に関する訓練が、アサーティブ・トレーニングです。

たとえば、「私はダメだ」と、自己否定している人がいたとします。そういう人は「自分はダメだ」という態度や行動を取るようになり、周囲からも「あの人はダメだ」と評価されるようになってしまいます。その結果、「やっぱり私はダメなんだ」とさらに思い込み、自己否定のネガティブなスパイラルができあがってしまいます。

アサーティブ・トレーニングは、このネガティブなスパイラルを断ち切り、ポジティブなスパイラルをつくるためのトレーニングです。「私はダメだ」という自己否定ではなく、「自分はできる」という自己信頼に変えていくのです。

このトレーニングを行うと、「自分はできる」という態度や行動を取るようになり、周囲からも「あの人はできる」と評価されるようになります。すると、「やっぱり私はできるんだ」と考えるポジティブなスパイラルを形成できるようになります。

専門のトレーニングを受けることで、より速く、着実に、「アサーティブな自己表現」への道が開かれると思いますが、専門のトレーニングを受けなければ習得することができないというわけではありません。本書を読んで、自分でできることを生活のなかで実践することによって、効果は着実に表れるでしょう。そのうえで、さらに本格的に訓練したい場合は、専門のトレーニングをお受けになることをおすすめします。

アサーティブの効果

「アサーティブな自己表現」ができると、どのような効果が生まれるのでしょうか。より上手にコミュニケーションが取れるようになるという効果については想像しやすいと思いますが、そのほかの効果についても具体的に見ていきましょう。

◉自信を持っていられる

困った場面でも、緊張したり不安になったりせず、自信を持っていられます。基本的に自分を信頼しているので、他者からの評価を気にしすぎるあまり、思ったような行動が取れなかったり、短所を無理に隠そうとしたりすることもありません。普段からリラックスして人の話も聴けるようになり、正当な批判も受け止めることができるようになります。

◉自己理解が深まる

自分に対しては率直に、他者とは対等にふるまえるので、「自分は何をしたいのか」「自分の気持ちはどうなのか」と、自分と素直に向き合うことが多くなり、自己理解が深まります。また、ありのままの自分でいられるので、自分に対して寛容になり、他者も尊重できるようになり、人からも尊敬されるようになります。

こうしたことから、日々の生活で満足感が得られやすく、いままでの望ましくない習慣などにしがみつくこともありません。新しい自分を求めて歩み出せるので、自分や他者を尊重し、適切なコミュニケーションを取れるようになるなど、人生の目的により近づくことができるようになると言えるでしょう。

次に、職場風土との関係について見ていきましょう。職場風土が業績に影響を与えることは1章でお話ししましたが、アサーションは職場風土と密接な関連があります。

部下に対して、攻撃的な態度を取ってしまう、聴く耳を持たないなど、アサーティブな表現ができない上司の場合、部下は「どうせ言っても聴いてくれない」という思いを上司に抱いてしまいます。

そうすると、その職場内では、建設的な意見が出なくなり、問題を避けたり、問題を解決しようとする意欲がなくなります。また、創意工夫をしなくなり、チャレンジ精神もなくなってきます。それらが長期間繰り返されると、職場風土として定着してしまい、それが当たり前になります。

一方、上司がアサーティブを率先垂範している場合はどうでしょうか。言いたいことは、相手を尊重しながら率直に言う、相手の権利を尊重し、相手の言うことにもしっかり耳を傾ける。このような上司の態度は、見る者をすがすがしくさせるだけではなく、部下からも好感を持たれるため、職場の空気にも影響します。

そして、部下にもアサーティブな態度が徐々に浸透していき、建設的な意見も出やすくなり、積極的に問題解決を図っていくようになります。また、つねに問題意識を持ち、創意工夫を試みたり、困難なことにも果敢にチャレンジするマインドが養われます。これを長い間繰り返すことで、着実に職場風土として定着していきます。

結果的に、このような職場風土の社員のパフォーマンスは高くなり、部門の業績が向上していくことにもつながっていきます。

2　コミュニケーション・パターン

「非主張的」「攻撃的」なコミュニケーション・パターン

思っていることを伝えられない（非主張的）、または過激（攻撃的）に伝えてしまうなど、人はそれぞれ伝え方に特徴があります。その時点では「非主張的」でも、後で「攻撃的」な言動を取る（折衷型）こともありますし、その場では「攻撃的」な態度は取らず、陰で罵ったり仕返ししたりすることもあります。また、相手によって伝え方が変わったりすることもあります。

ここでは、代表的な「非主張的」と「攻撃的」なコミュニケーション・パターンを見てみましょう。あなたが日頃取りやすい行動は、次のどれに当たりますか。

◉パターン1

今日は家族と約束があり、残業をせずに早く帰ろうと思っていました。どうにか定時で帰れるようにと仕事を進め、ようやく帰り支度をしていると、同僚から仕事を頼まれてしまいます。

【非主張的】

用事があることや帰ろうとしたことは伝えず、「はい」とだけ言い、引き受けてしまう。

【攻撃的】

「人が帰ろうとするときに何で頼むんだよ。今日はできないよ」と言って、さっさと帰ってしまう。

【アサーティブ】

「今日は前から予定していたことがあって、いま帰るところなんだ。明日の朝でいいかな」と率直に断る。

◉パターン2

売り場で長い列ができています。意を決して列に加わり、ようやく自分の番まで来たとき、横から人がすっとあなたの前に割り込んできました。

【非主張的】

その人には何も言わず、心のなかで怒りの言葉を発する。または、じっとにらみつける。

【攻撃的】

「人が並んでいるのが見えないのか」と侮辱したり、大声で非難する。または、その人には何も言わず、店員に「この店では、並ばないで横から入った人を先にするんですか」と詰め寄る。

【アサーティブ】

「みなさん、列に並んでいますよ」、または、「ここは列ができていて、最後はあそこになりますよ」と素直に教えてあげる。

アサーティブなコミュニケーション・パターン

さらにもう少し詳しく、それぞれのコミュニケーション・パターンの中身について触れていきましょう。

◉「非主張的」自己表現

●自分の考えを伝えなかったり、伝えそこなったりする
●相手に無視されるような消極的な態度を取ったり、あいまいな表現をする
●自分が我慢しさえすればいいと考えている
●自分で選択したり、決定したりしない
●自分を卑下している
●人との対立を極力避け、責任逃れをする

「非主張的」自己表現は、自分よりも他者を優先し、自分を後回しにする行動です。行動だけは相手を優先しているように見えますが、自分の気持ちを押さえ込んでいるため、積もり積もれば、いつかは相手に対して爆発してしまうことにもなりかねません。また、その相手に爆発しなくても、自分より立場の弱い人など、弱者に対して爆発する場合もあります。俗に言う八つ当たりがこれです。

一見、「相手を立てている」「相手に配慮している」と取れそうですが、これは間違いで

す。自信がない、または不安などを隠して卑屈になっていることが多く、自分の気持ちに対して不正直です。相手に対しても率直ではありません。「言論の自由」という、もともと自分が持っている権利を自分自身で踏みにじっていることになります。

これは、「私はＯＫではない。あなたはＯＫ」という型です。

こうした行動を取ったときの、自分や相手の気持ちや感情はどのようなものでしょうか。自分の考えを伝えなかったり、伝えそこなったりしたときなどは、「私はダメな人間だ」「どうせ伝えてもわかってもらえない」という意識が支配しており、無力感、敗北感、自信喪失、自己嫌悪、劣等感などが引き起こされがちです。

また、相手のことを、「どうしてこの人はわからないのか」「ひどい人間だ、鈍感な人間だ、嫌な人間だ」と思ってしまい、恨み、嫉み、批判、軽蔑、敬遠、攻撃、敵意、怒り、復讐心などが起こりがちです。

◉「攻撃的」自己表現

●自分の考えをはっきり伝える

●相手の気持ちを無視し、自分の考えを押しつける
●人間関係を勝ち負けで考え、絶対に相手に負けることを嫌う
●相手を見下すことで、自分の優位を証明しようとする
●周囲の人は対立を恐れて、ビクビクしている
●言葉や行動が相手を傷つけている

「攻撃的」自己表現の特徴としては、「主導権を握りたい」「相手より優位に立ちたい」「相手を支配したい」「相手を思いどおりに動かしたい」という意識が根底にあることが多いものです。

「攻撃的」自己表現は、自分のことだけを考えて、他者を踏みにじる行動です。相手の権利を踏みにじるので、職場で孤立したり、敬遠されたりしがちですが、過激な反応をした後は、後悔に苛まれることもあります。

また、自分の部下など弱い立場の人に対してはつねに「攻撃的」になり、自分の上席に当たる人に対しては、つねに迎合するといった行動を繰り返すこともあり、人から嫌われることも多くなります。

これは、「私はＯＫ。あなたはＯＫではない」という型です。

一方、攻撃的な行動や態度を取られた相手は、どのように感じるでしょう。

- 大切にされていないと感じる
- 服従させられたと感じる
- 見下された、軽く見られた、バカにされたと感じる

そして、無力感、敗北感、自信喪失、自己嫌悪、劣等感などに襲われることになります。また、攻撃した相手に対しては、「ひどい人間だ、鈍感な人間だ、嫌な人間だ」と思ってしまい、恨み、嫉み、批判、軽蔑、敬遠、攻撃、敵意、怒り、復讐心などが生み出されがちです。

◉「アサーティブ」な自己表現

- 自分も相手も大切にする自己表現

●自分の人権である「言論の自由」も、相手の人権である「言論の自由」も尊重する
●その場にふさわしい方法で表現する

自分のことも考えて、他者にも配慮するのが「アサーティブな自己表現」です。自分の気持ちを考え、何を伝えたいのかを明確に、率直に、その場に適した方法で伝えます。

その結果、葛藤が生じることもありますが、葛藤が起きたときには、すぐに折れたり、相手が同意することを期待したりはしません。譲ったり、譲られたりしながら歩み寄り、双方が納得いく結果を出そうとするのです。

自分の権利も相手の権利も尊重するので、これによって関係が崩れることは稀で、むしろ率直に伝えたことや自分の気持ちを表現したことなどで、相手からも理解されやすく、より良い関係が築きやすくなっていきます。

これは、「私もＯＫ。あなたもＯＫ」という型です。

自分に対しては、満足感、達成感、安心感、自信、大切にされたという気持ち、すがすがしさといった気持ちや感情が、相手に対しては、尊敬、敬意、親近感、親しみ、感謝などの気持ちや感情がそれぞれ湧き起こります。

ここで大切なのは、自分のコミュニケーション・パターンを把握することです。日頃どのような気持ちや感情を抱くことが多いか、自分に対してと相手に対しての気持ちを検証してみることです。自分に対して、「無力感、敗北感、自信喪失、自己嫌悪、劣等感」を抱くことが多いのか、それとも「満足感、達成感、安心感、自信、大切にされたという気持ち、すがすがしさ」を感じているのか。

もし、後者の気持ちを抱くことが比較的多いと感じているのであれば、すでに「アサーティブな自己表現」が備わっているかもしれません。しかし、前者が多いと感じている場合は、これからアサーティブへの扉を開くチャンスが待っています。

相手に対しても同様に、「恨み、嫉み、批判、軽蔑、敬遠、攻撃、敵意、怒り、復讐心」を抱くことが多いのか、または「尊敬、敬意、親近感、親しみ、感謝」の気持ちを感じることが多いのか。まずは、この自分の感情を振り返ってみてください。

そして次に、だれに対して、どのように、そういった感情を抱くことが多いかを振り返ってください。上司や部下、同僚に対してはどうか、夫や妻、子どもなどの家族に対してはどうか、また、隣人や店員などの他者に対してはどうか。権威や権力のある人・ない人、強い立場の人・弱い立場の人、だれに対してもまったく同じようにふるまえるか。それとも、その感情に何か共通の特徴が見出せるのか。
これらを振り返ることで、それまでの行動の傾向がつかめるでしょう。

また、職場、家庭、取引先、電話の応対、レストランや商店、電車のなかといった場面でも、どのような行動の傾向があるのか検証してみてください。

どのような場面で、だれに対して、どのような行動を取りやすいか、またはどのような感情を抱くことが多いかを振り返ることで、自分のコミュニケーション・パターンを把握することができます。きちんとこれを把握することで、どのような場面でも適切な表現、アサーティブな対応が可能となっていきます。

3　アサーティブの基本

アサーティブになるための四つの基本

アサーティブな表現をするうえで、気をつけるべきことがあります。

●「誠実」であること
●「率直」であること
●「対等」であること
●「自己責任」を持つこと

この四つはアサーティブの基本です。つねに意識しておきましょう。

◉「誠実」であること

自分と相手に対して誠実で、嘘や偽りのない会話をすることです。自分の気持ちをごまかしたりせず、やりたいことはやりたい、嫌なことは嫌と認めるなど、自分の気持ちに対して正直になるのです。どう表現するかは自分自身が決めることであり、自分の責任で選択できるものなのです。

◉「率直」であること

伝えたいことや自分の気持ちを遠まわしにではなく、率直に伝えます。理由を延々と説明したり、弁解したりする必要はありません。自分がどうしたいのか、自分と相手の状況を客観的に把握しながら、いまの気持ちを素直に伝えます。

◉「対等」であること

自分も相手も尊重して、対等に向き合います。権力のある人の前で自分を卑下してみたり、弱い立場の人を見下すことをせず、つねに対等な立場に立ちます。

自分より優位な立場にある人の前では、前かがみになったり、弱い立場の人の前では、威圧的になったりしがちです。意識だけではなく、姿勢や態度も対等に保つことが大切なのです。

◉「自己責任」を持つこと

自分の取った行動には責任を持たなければなりません。相手に、ものごとを伝える、伝えないは自由ですが、伝えた、または伝えなかった場合の結果に対しては、自分で責任を引き受けることになります。

伝えなかった場合、陥りやすいのは相手のせいにすることです。「どうせ言ってもわかってもらえない」と思い、伝えられないのは相手に原因があると思いがちです。しかし、伝えなかったのは自分が判断したことなので、その責任は自分にあります。

アサーティブな表現に関するキーワード

なぜいままで、アサーティブな表現ができていなかったのでしょうか。何か阻害要因があったのでしょうか。また、これからアサーティブな表現ができるようになるには、どのようなことに気をつければよいのでしょうか。次の六つのキーワードから考察していきましょう。

●気持ち
●結果
●基本的人権
●考え
●スキル
●非言語的メッセージ

◉気持ち

日常生活のなかで、「本当の自分の気持ちはどうなのか」という問いを自分自身に発することは、そうそうありません。だからでしょう、自分の気持ちを「何となく」わかっているような気はするものの、本当は自分はどうしたいのかを明確にする機会はありません。

しかし、相手に要望を伝える場合には、自分の気持ちをきちんと把握していなければなりません。そうすることによって、相手に伝わりやすくなりますし、相手もその要望を検討することができます。

ポイント：自分の気持ちをきちんと把握する。

◉結果

本当に相手に伝わるかどうかを気にしすぎたり、失敗を恐れると、結局言い出せなかったり、言い出せたとしても控えめすぎる表現になったりしてしまいます。また、伝えたことによって、「能力がないのではないか」と思われはしないかと恐れたり、「人間関係が悪化するのではないか」と不安になることもあるでしょう。

しかし、まずは自分の気持ちを表現することが先決です。伝わるかどうかは、相手の受け取り方によります。

結果を予測することはけっして悪いことではありませんが、それによって、適切な表現が妨げられたり、表現できなかったりしては、本末転倒になってしまいます。

ポイント：自分の気持ちを表現することが先決。

◉基本的人権

「だれもが等しくアサーティブになってよい」というアサーション権（3章の4を参照）について知らない人が多いのではないでしょうか。いままであまりこうした権利について意識する機会がなかったり、「アサーティブの概念」にも触れていない場合もあるかもしれません。アサーティブな権利については後述します。

ポイント：自分がやりたいことを言うのは人権として許される。

◉考え

人は、子どもの頃に親から受けた教育やその後の経験により、さまざまな考えを持つようになります。その結果、その人なりの正しいと考える基準や常識、ものの考え方などが自分のなかに築きあげられていきます。

しかしなかには、子どもの頃から言われ続けているためにあまり疑問に思わず見過ごしてしまった、大人にとって都合のよい論理や言い分などが含まれていることもあります。たとえば、「目上の人に意見を言うものではない」とか、「感情は胸のうちのしまっておくものだ」などがそれに当たります。これらは、アサーティブな考えからすれば適切ではありません。アサーティブな考えとは、自分の気持ちを自由に表現することです。それはまた、相手がだれであっても同じことです。

ポイント：ものの考え方をアサーティブに。

◉スキル

「対人スキルは性格によるものだ」と片づける人がいます。また、「対人スキルは自然に身につくものだ」と言う人もいます。しかし、こうした考えは間違いです。

対人スキルは、アサーティブな考えや知識を養い、訓練を繰り返し行うことで確実に向上していきます。専門的なトレーニングを受けなくても、日々の生活で訓練することができます。それには、アサーティブな考えや知識を養うことが必要ですし、訓練することで向上するという認識が求められます。

ポイント：スキルは性格や自然に身につくものとして片づけない。訓練を繰り返し行うことが必要。

◉非言語的メッセージ

非言語的な要素の重要性を理解していない人がいます。たとえば、優位な立場にある人に対して要望を伝える場合、低姿勢になったり、若干かがみ込んだ姿勢になりがちです。しかし、この姿勢から対等感は伝わらず、「私の言うことは、取るに足らないものです」と言っているようにも受け取れます。伝える前から、相手に対して非言語でこのようなメッセージをすでに伝えているのです。

姿勢、表情、態度、声など、非言語的なメッセージも大切にすることで、より相手に伝わりやすくなります。

ポイント：言葉と表情・態度を一致させる。姿勢も相手と対等に。

4　アサーションの11の権利

ここでは、アサーティブな表現をするうえで大切な要素となる人権について考えてみます。アン・ディクソン（Anne Dickson）は、アサーションの権利として以下の11の権利を挙げています。アン・ディクソンはイギリス国内で65万部を超えるベストセラーとなった“A Woman in Your Own Right”（邦訳『第四の生き方』つげ書房新社）の著者で、世界各地でトレーニングを実施しているアサーティブネスの第一人者です。

①私には、自分の要求を言葉に表し、日常的な役割に縛られない一人の人間として、ものごとの優先順位を決める権利がある
②私には、賢くて能力のある人間として、対等に、敬意をもって扱われる権利がある
③私には、自分の感情を言葉で表現する権利がある
④私には、自分の意見と価値観を述べる権利がある
⑤私には、「YES」「NO」を自分で決めて言う権利がある
⑥私には、間違う権利がある
⑦私には、自分の考えを変える権利がある
⑧私には、「わかりません」と言う権利がある
⑨私には、欲しいものを欲しいと言い、したいことをしたいと言う権利がある
⑩私には、ほかの人の問題に責任を取らなくてもいい権利がある
⑪私には、人から認められることをあてにしないで、人と接する権利がある

私は初めてこれに触れたとき、何だか人生が少し楽になったような気がしました。身体に11の鎖がつながっていて、読んでいくごとに一つひとつがはじけるようなイメージを受

けました。

みなさんはいいかがでしょうか。忘れかけていたものや、新たに強い感銘を受けたものがあるのではないでしょうか。

自分の意見や感情を人に伝えることは基本的な権利です。その権利を自分自身に認めてあげることが大切です。しかし、これらの権利には自己責任が伴います。自己責任を欠いてこれらの権利を振りかざすだけでは、アサーティブではありません。また、これらの権利を自分だけではなく、ほかの人にも認めることで対等な人間関係の土台を築くことができるのです。

これら11の権利を平易な文章に置き換えてみましょう。また違った感触が得られるかもしれません。

①役割に縛られず、ものごとの優先順位を決めてよい

自分の役割を果たすことに縛られ、一人の人間としての要求を主張できないとき、自分のための時間を作れないときなどに思い出してみてください。

②賢くて能力のある対等な人間として、敬意をもって扱われてよい

専門知識がないと引け目を感じてしまう、相手のペースに押されてしまうときなどに思い出してみてください。

③自分の感情を認め、表現してよい

感情を言葉で表現することと、感情に従って行動することとは違います。

④自分の意見と価値観を表明してよい

大多数の意見と違っても、自分の考えを持ってよいのです。

⑤「YES」「NO」を自分で決めて言ってよい

理由づけや正当化の必要ありません。ただそうしたいからという理由だけでよいのです。

⑥私は間違ってよい

ミスをしても恥ずかしがったり、うろたえなくてもよいのです。

⑦自分の考えを変えてよい

いったん決めたからといって、縛られることはありません。

⑧「わかりません」と言ってよい

わからないこと、知らないことを認めることは恥ずかしいことではありません。

⑨欲しいものやしたいことを要求してよい

ほかの人の望みや期待と違っていても、自分の要求をしてよいのです。

⑩人の問題を自分の責任にしなくてもよい

人の悩みや問題を、あたかも自分の問題のように背負い込まなくてもよいのです。

⑪人からの評価を気にせず、人と接してよい

人の評価に左右された行動ではなく、自分で判断し評価して行動してよいのです。

5　アサーティブに要求を伝える

何をどう伝えれば相手は受け入れてくれるのか

それでは、実際に相手に対して「伝える場面」を具体的に見ていきましょう。まずは、いちばんの基本とも言える「要求を伝える場合」のポイントです。

これまでにアサーティブに伝えることができなかった要因を説明しましたが、もう一度簡単に触れておきましょう。

- 自分が本当はどうしたいのかという気持ちがわからない、または考えなかった
- 伝わるかどうかを気にしすぎたり、失敗を恐れてたりしてしまう
- 基本的人権を意識したことがない
- 子どもの頃からの思い込みなど、考えがアサーティブではない

●対人スキルは性格だとあきらめている
●言語で伝える前に態度でネガティブに伝えている

アサーティブの原点は、誠実、率直、対等、自己責任です。自己主張をする権利と責任を相互に確認し合い、まず話し合いのテーブルにつくことが大切です。

では、話し合いのテーブルにつく際には、具体的に何を伝えればよいのでしょう。この「何を伝えればよいのか」がわからないために、うまく伝えられなかったり、相手に伝わらなかったりすることもあります。ここでは、何を伝えればよいかについて詳しく見ていきましょう。

ものごとを効果的に伝えるには、次の四つのポイントを押さえておく必要があります。

●事実
●感情
●要求・提案
●結果

◉事実

まず、事実を正確に伝えることが必要です。事実を伝えず、仮定や想像だけを伝えても、真実味がありません。背景となる事実を伝えることで、要求事項に正当性が増し、相手に与えうるインパクトも強くなります。これまでどんな事実があったのか、現在はどうなのかを端的に伝えます。

◉感情

感情をつけ加えることによって、より信憑性が増し、相手の理解が得られやすくなります。「困っている」「疲れている」「つらい」など、その事実があったときにどのように感じてきたか、いま現在どのように感じているかなどを的確に伝えます。

◉要求・提案

要求や提案がなければ、何を言いたいのか相手にはわかりません。これをはっきり伝えることで、相手はどうしてほしいのかがわかり、初めてそれについて検討することができます。「……したい」「……したくない」「……してほしい」「……してほしくない」「……

してはどうか」を伝えます。

◉結果

結果を伝えることで、相手も受け入れた場合のイメージがつかみやすくなり、ものごとを検討する際にも前向きさが加わります。「そうしてもらえるとうれしい」「助かる」「仕事がしやすくなる」などを簡潔に伝えます。

あるシチュエーションに、この四つのポイントを当てはめてみましょう。「部下の作成する提案書のミスが以前から気になっていた上司がそれを伝える場面」を想定してみます。

【事実】
いままで、変換ミスや金額などのケタ違いといった初歩的なミスが目立っている。
【感情】
そのまま顧客に提出しているので、信用がなくなるのではないかと不安な気持ちになっている。

【要求・提案】

提出する前に、必ずチェックするようにしてほしい。

【結果】

そうすれば、お客さまの信用も増して、私も安心できる。

このように、いつでもこの四つのポイントを入れなければならないというわけではありません。要求や提案は必須ですが、ケースによって、相手によって、それぞれの場面で、適切と思われるものを組み合わせればよいのです。

それぞれの利点を考慮して、あまり冗長にならないようにします。しかし、ケースによっては、長くなってもすべて入れたほうがよいときもあります。たとえば、相手が自分の要求を受け入れることに対して、かなり努力を要する場合などは、四つのポイントを丁寧に伝えることで、受け入れやすくなることもあります。

要求を伝えるときにしてはいけないこと

自分の要求を実際に伝える際には、次の二つのことに留意する必要があります。

●要求は一つに絞る
●相手のペースに引き込まれない

具体的に見ていきましょう。

◉要求は一つに絞る

要求や提案は一つだけにします。あれもこれもといくつも要求すると、相手はどれが本当にしてほしいことなのか理解に苦しみます。その結果、相手の都合によって、優先順位を決められてしまったり、これは受け入れるけど、これは受け入れないといった判断をされがちです。

いくつも要求事項がある場合は、日をあらためるとか、あらかじめ「二つ、お願いしたいことがあります」などと断っておく必要があります。

良くないパターンは、「……してほしい」と伝えた後に、「これもしてほしい」「次はこれも」などと次々と要求することです。これは相手に、愚痴と取られたり、重ねての要求に「いい加減にしてほしい」という気持ちを持たれてしまったりします。優先順位は自分で決めて、的を絞ることが大切です。

◉相手のペースに引き込まれない

相手が弁の立つ人であったり、優位な立場にある人の場合は、とかく相手のペースにはまりやすくなります。知らないうちに話がそれていたり、話題を変えられたり、また、相手の話に引き込まれたりすることもあります。

たとえば、プロジェクトが終了したので、まとまった休暇を取りたいと上司に伝えたとき、「それはそうと、あの仕事はどうなってるんだ」とか、「ほかのメンバーはだれも休暇を取ってないからね」などと話をすり替えられ、本題からそれてしまうことがしばしばあります。

そのようなときにも、「今回は家族も楽しみにしているので、休暇を取らせてほしい」とか、「プロジェクトの間、この休暇を励みに頑張ってきたので今回は休ませてほしい」などと、自分の要求に立ち戻ることが必要です。

焦らず落ち着いて、話がそれそうになったときは、何度も何度も要求を繰り返すことがポイントです。

また、相手のペースに引き込まれてしまうと、頭が真っ白になり、伝えたいことがまとまらなくなることもあります。

そういう場合は、自分の気持ちを言葉で表現してみましょう。「それはとても困ります」「それはつらいことです」「大変疲れています」など、心にたまっている感情を吐き出すことで、相手と向き合うことができるようになります。

6 「NO」ときちんと断る

なぜ「NO」と言えないのか

日常生活を振り返ってみましょう。「NO」と言いたいときに、はっきり「NO」と言えていますか。

回りくどい説明をしたり、察してもらえることを期待してあいまいな言い方をしたり、はっきりとは言わず、オブラートに包んで和らげようとすることも多いでしょう。こうした言い回しは、相手を傷つけたくないという思いやりの心の表れで、良く言えば日本人的情緒であり、日本の風土になじんだものとも言えます。

しかし、すべてのケースにおいて、このような表現方法がふさわしいわけではありません。はっきり断ったほうがよいこともありますし、はっきり断りたくても断れないこともあります。

きちんと「NO」と断れる表現方法を身につけているということは、選択の幅が広がるということです。

ある場面では「NO」とはっきり断る、ある場面ではオブラートに包むというように、その場に応じて適切に表現できるということなのです。

では、なぜ「NO」と言えないのでしょうか。

自分が「NO」と言われたときの気持ちを思い起こしてみてください。何となく、自分が拒絶されたように思えてしまうことはないでしょうか。「NO」と言われて、拒絶されたように思えてしまうなら、自分も他者に対して拒絶感を味わわせたくないという気持ちが強まります。

「相手を失望させるのではないか」「自分勝手と思われるのではないか」「相手を傷つけてしまうのではないか」という気持ちにとらわれると、どうしても「NO」と言えなくなってしまいます。

しかし、本当は「NO」と言いたいのに、「YES」と言ってしまった場合はどうなるでしょうか。

気が乗らない映画や旅行などの誘いについ「YES」と言ってしまい、後悔したりすることはよくあります。そんな気持ちのまま、映画を観たり旅行をしたりして、気が滅入ったまま楽しめなかったといった経験をしたことがあるでしょう。逆に、待ち合わせの時間に遅れてしまったり、当日具合が悪くなって約束を断ったときなどは、ほっと気が休まるという体験をしたこともあるでしょう。

このように、「NO」と言いたい気持ちにフタをして応じてしまった場合は、気持ちがふさぎ、体調に影響が出てしまうことも多いものです。断りたい仕事を引き受けてしまったときには、全力で打ち込むことができず、ミスをしたり、納期に間に合わなかったりと、必ず質の低下を招いてしまいます。

次に、「NO」の意味合いについて考えてみましょう。

「NO」は、自分も相手も大切にしたいからこそ伝える言葉です。本心を言わない人間関係は希薄で、本当の自分を理解してもらうことはできません。まずは自分の気持ちに正直になり、その正直な気持ちを率直に伝えることで、自分にも相手に対しても誠実でいられることになります。

自分を理解してもらうためには、自分ができることとできないことを伝えなくてはなりません。

「NO」を言うということは、相手と長く、より良い関係を築きたいという考えが根底にあります。自分も相手も大切にしたいからこそ「NO」と言うのです。

「NO」を言うときのポイント

実際に「NO」を言うときに気をつけるべきポイントを挙げてみましょう。

●何に対しての「NO」なのか
●理由は一つに
●相手に期待を持たせ続けない

◉何に対しての「NO」なのか

その要求自体に対してなのか、時間や日程に対してなのか、相手に対してなのか、その人の言い方に対してなのか、質・量、形、色、金額などに対してなのか、その「NO」の内容についてしっかり把握します。

たとえば、旅行に誘われた場合、日程が「NO」なのか、行く場所が「NO」なのか、その人と行くことが「NO」なのかを、自分自身が把握していなければなりません。

的が絞れなかったり、自分の気持ちが本当はどちらかわからない場合は、その場で答えを出す必要はありません。「もう少し詳しく教えてください」「いまはまだよくわかりません」「もう少し待ってください」と返答してもよいのです。

◉理由は一つに

「NO」を言う場合は、理由を添えます。簡潔かつ率直に、そして断りたいいちばんの理由を一つだけ言います。

断る場合はつい、あれもこれもと理由を並べて、それを懇切丁寧に説明しがちです。理由はいくつも並べる必要はありません。相手が聞きたいのは弁解や弁明ではなく、あなたの意思なのです。

また、断る言葉は最後まではっきり伝えます。語尾をあいまいにせず、「……なので私はしたくありません」「でも、今回はできません」などと、断りたいという意思が的確に伝わるようにするのがポイントです。

◉相手に期待を持たせ続けない

「ＮＯ」を伝えたら、相手の気持ちを推し量りましょう。「ＮＯ」だけ言ってさっさと立ち去ってしまっては、相手の気持ちを無視していることになります。

断った場合、相手が、「残念だ」「がっかりした」「期待していたのに」「困ったな」などと言うことがあります。その場合は、「がっかりさせてしまってすみません」とか、「期待に沿えず申しわけありません」という一言を添えることで、話が終結しやすく、相手も穏やかな気持ちになっていきます。

ここで注意すべきことがあります。相手に対して「申しわけない」という気持ちから、その場に居続けることです。相手がきっぱりと断念していない場合は、話が蒸し返される恐れがあります。また、居続けることによって、相手に期待を抱かせかねません。

「NO」を伝え、相手の気持ちに耳を傾けたら、できるだけその場を立ち去ったり、話題を変えたりする必要があります。自分の意思をはっきりと伝えたことで、責任は果たしています。あとは相手の問題なのです。

7 感情を表現する

なぜ感情をうまく表現できないのか

人はさまざまな感情を抱きながら生きています。しかし、そうした感情をあまり表現しないでいることのほうが多いのではないでしょうか。

赤ちゃんや小さな子どもは、泣くことや笑うことで感情を表現します。しかし、成長するに伴い、親から抑制されることによって次第に感情表現が少なくなっていきます。「そんなことですぐ泣かないの」「その程度のことで怒ってはダメ」などと言われ続けているうちに、感情を表してはいけないということが知らず知らず身についていきます。

社会とのかかわりが増えていくと、さらに感情を表に出さなくなっていきます。そして、感情表現についての観念が、だんだんとその人なりに備わることとなります。いくつか例を挙げてみましょう。

●感情表現をすることは、理性が劣っていると思っている
●感情表現は大人げないと思っている。子どもじみていると思っている
●感情を表現するのは弱い人間だと思っている
●表現してもよい感情と、してはならない感情があると思っている
●表現してもよい相手、してはならない相手がいると思っている
●「男は悲しみを表現してはいけない」とか、「女は怒りを表現してはいけない」というように、役割に応じて表現が制限されていると思っている

また、大人になっても、感情を表現したときの決まり悪さや、表現したことで拒絶や嘲笑を受けた経験などから、これらが固定観念として定着していきます。

しかし、感情はだれのものでもありません。その人自身のものなのです。だれかのせい

で何らかの感情が起こるのではなく、自分がその感情を「起こしている」のです。自分で「起こしている」感情なので、必要に応じて自分でコントロールできることになります。

同じ事象でも人によって感情に違いが出てくるのは、「認知の違い」が存在するからです。その事象をどのように受け止めるか、どのように考えるかで感情の湧き方が違ってくるのです。

たとえば、人から「仕事が遅い」と言われたとき、「私には能力がない」というように受け止める人もいますし、「その人の解釈は正当ではない」と受け取る人もいます。その認知の違いにより、その人の行動は変わってきます。

このように、感情は認知や行動と密接なかかわりがあり、それをコントロールすることも表現することも、本人の責任において自由なのです。

ここで押さえておきたいのは、「感情的になること」と「感情を表現すること」とは違うということです。喜怒哀楽などの感情はだれにでもあり、表現してはいけないということはありません。どんな人でも、どのような感情でも、だれに対しても表現してよいのです。大切なことは、自分のさまざまな感情をどのように表現するかです。

上手に感情を伝える方法

感情を表そうと思っても、「できることなら文句は言いたくない」「批判したくない」「相手を傷つけたくない」と思い、自分の気持ちを封じ込め、つい黙ってしまうことはよくあります。しかし、封じ込められた感情、とくに怒りや傷ついた感情などは、簡単に消えるものではありません。消えるとしても、かなりの日数を要します。

こうした感情は、次第に膨れ上がったり、ほかの似たような感情が封じ込められたときなどに触発されて爆発してしまうこともあります。その際には、怒りを覚えたり傷つけられた相手に対して爆発するとは限らず、自分のごく身近にいる人にぶつけてしまうこともあります。また、いままでなら気に止めなかったささいなことでも、むしょうに腹が立って爆発してしまうこともあります。

そうならないためには、問題が小さいうちにその場で相手に伝えることです。

それでは、具体的に感情を表すときのポイントを見ていきましょう。ポイントは次の二つです。

●感情の存在を認める
●簡潔に表現する

◉感情の存在を認める

ある感情が芽生えたら、その存在を自分自身で認めることが大切です。自分自身で認めることができれば、適切な行動を取ることができ、感情に流されることもありません。たとえば、だれかから批判されたとき、自分の感情の存在を認めることができていれば、感情に流されることなく、「おっしゃっていることは正しいと思います」「間違っていると思います」「どういうところか具体的に教えてください」などと、その場に応じた適切な答え方ができるようになります。

まずは、「私はいま、何を感じているか」と自分の心に問いかけ、感情の存在を認めることです。

◉簡潔に表現する

芽生えた感情の存在を認めることができたら、簡潔に表現してみましょう。長々と説明する必要はありません。一言でいいのです。「それはとてもつらい」「褒められるとうれしい」「そのことはとても腹が立つ」「そう言われると悲しくなります」というように、簡潔に表現します。さらに「ドキッとした」「怖い」「グサッときた」なども効果的です。

まずは現在の気持ちを一言伝えることで、その感情が少し和らぐこともあります。

「怒り」をどう表現するか

感情表現のなかでもとくに難しいのが、「怒り」の表現です。怒りを感じること自体は、責められることではありません。しかし、怒りを感じた後に「どう行動するか」については、責任が伴います。表現する・しない、表現の仕方については、あなたが選択し決定できるものなのです。

怒りをどう扱うか、その基本は、できるだけ早い時点で表現することです。人はいきなり激高することはありません。会話をしているうちに、徐々に感情が高ぶっていくのが普通です。その段階を具体的に見ていきましょう。

ステップ1：軽い怒り　「好きではない」「同意できない」「嫌だ」という、何となく胸がざわつく、どんよりとした重たい気持ち。たき火にたとえれば煙がくすぶっていて、いつ火がつくかわからない状態です。

ステップ2：中度の怒り　「腹立たしい」「イライラする」「反対だ」「わずらわしい」という気持ち。明らかに火がついた状態です。

ステップ3：強い怒り　「頭にくる」「怒鳴る」「カッカする」「うるさい」「ぶん殴ってやりたい」といった激怒の気持ち。まさに火が燃え盛っている状態です。

このなかで、「軽い怒り」と「強い怒り」をどう扱ったらよいのかを考えてみましょう。

◉軽い怒りの取り扱い方

もし軽い怒りの状態であれば、それ以上にエスカレートさせることなく、その時点で怒りを表現するようにします。怒りの気持ちが高まれば高まるほど、鎮めるのは困難になっていきますし、適切な表現もできなくなります。

ここでのポイントは、怒りを感じたら、まずは「自分は怒りを感じている」と認めることです。そして、この怒りは人のせいではなく、「自分で起こしているもの」だと認識します。他者の言動がきっかけでも怒りの所有者はあくまで自分です。さらに、この怒りは、「自分でどうにかできる」と考えます。そして、怒りの気持ちを言葉で表現します。

このステップを踏むことで、怒りをコントロールできるようになったり、それ以上エスカレートさせずに冷静さを保つことができるようになります。

◉強い怒りの取り扱い方

強い怒りを感じてしまったら、気をつけなければいけないのは、相手に脅威を与えないことです。相手に脅威を与えてしまうと、相手も怒りで対応してくることになりかねません。双方が怒りをぶつけ合うという状況は、いちばん避けなければいけません。

まず、簡潔な言葉で、怒りの感情を表現します。「私はとても怒っています」「とても腹が立っています」「頭にきています」などと気持ちを伝えます。そして、具体的に「何が嫌なのか」「どうしてほしいのか」という要求を伝えます。

このように、「脅威を与えない」→「怒りの気持ちを伝える」→「要求を伝える」ことが、最悪のバトルを防ぐことにつながります。

逆に、相手の怒りを感じた場合は、どのように対応すればよいのでしょうか。基本は怒りで対応しないことです。そして、脅威を感じていることを率直に伝えます。「怖い」「混乱しています」「少し待ってください」と防衛的な気持ちを伝えます。通常の人間関係では、「怖い」と素直に弱さを見せると、それ以上攻撃されることはありません。

注意すべきポイントは、相手の怒りの気持ちを否定しないことです。「そんなに怒ることではない」「この程度のことで怒らないで」「怒るのはよくない」などと否定せず、相手の怒りを認めることです。

自分の怒りの所有者は自分であるのと同様に、相手の怒りの所有者も相手なのですから、「自分のせいで怒らせてしまった」とは思わないようにします。また、自分が相手に脅威を与えていたり、自分の言動がよくないと感じたら、「わびる」ことを選択する権利があります。

ここで強調したいのは、怒りは相手にぶつけるものではないということです。怒りの所有者は自分だからです。また、相手の怒りを受けた場合は、怒りで対応してはいけません。怒りは課題を明らかにして、問題解決をするためのものなのです。

自分の「怒りのパターン」を把握する

怒りにもさまざまなパターンがありますが、自分が感じることが多い「怒りのパターン」についても把握しておきましょう。過去の怒りがこみ上げてきた状況を振り返り、どのような場面で自分が怒りやすいのかを考えます。

まず、だれに対して怒りがこみ上げてきやすいか。上司に対してか、同僚に対してか、後輩に対してか、または、家族や友人、隣人なのか。だれに対して怒りを抱くことが多いのかを考えてみてください。

次に、何に対して怒りを感じることが多いのかを考えます。無視されたときに感じるのか、侮辱されたときに感じるのか、大切に扱われていないときや軽く扱われたときなのか。何に対して怒りを抱くことが多いのかを考えます。

最後に、いままではどのように対応していたのかを考えます。つい怒鳴ってしまっていたのか、怒りを表現せずにため込んでいたのか、不当に他者に当たっていたのか、いまも怒りを持ち続けているのか。

さまざまなケースについて、どのような場面であったか、だれに対してか、何に対してか、そのときどうしたかをいくつも思い起こすことで、自分の「怒りのパターン」がわかってきます。そうすると、自分が大切にしていたものや大切に思っていたものが侵害されたり、不当に扱われたときに怒りがこみ上げることが多いのに気づくでしょう。

怒りの対象などを把握できるようになると、これから生活していくうえで、それらが侵害されそうになったとき、「この場面は怒りがこみ上げやすい場面だ」とピンとくるはずです。そうすれば、怒りに流されることも少なくなり、いままでの行動パターンを改めることもできるようになります。

自分の怒りを把握することが、アサーティブな行動を起こす第一歩なのです。

8　批判にどう対処するか

批判をアサーティブに受け止める

無人島で一人で生活しているのでもない限り、だれかから批判を受けることが必ずあるでしょう。ささいな批判から強烈な批判まで、いままでも数多くの批判を受けてきたでしょうし、これからも数多くの批判を受けながら生きていくことになるでしょう。

できれば批判は受けたくないものです。自分が日頃気にしていたことや弱みとして認識していたこと、または気づいていない自分の嫌な部分を他人から指摘されるわけですから、避けたいのは当然です。批判を受けると、どのような気持ちが湧き起こるのでしょうか。

非常に傷つき、悲しみに襲われることもあります。ときには自己嫌悪に陥ったり、劣等感を味わうこともあります。自信がなくなり、自己信頼が崩れそうになることもあるでしょう。

一方で、自分を批判する相手に対しては、どのような気持ちを抱くでしょうか。強い恨みや怒りがこみ上げたり、ときとして相手に敵意を感じたり、軽蔑したりすることもあるかもしれません。

しかし、批判はつらいだけのものではありません。正当な批判であれば、自分では気づかない問題が明確になる場合もありますし、自分の態度や行動を改善するチャンスとなることもあるのです。また、批判に対する自分の気持ちを素直に伝えることで、相手の理解が深まることもあります。

批判を前向きにとらえ、どのような批判に対して、どのように対応すればよいかという基本を身につければ、必要以上にダメージを受けることもありません。批判を受けることは避けようがありません。しかし、批判から受けるダメージは軽減することが可能です。ダメージを軽減するために必要なステップは、次のとおりです。それぞれについて詳しく見ていきましょう。

●批判の内容を理解する
●批判の内容を吟味する
●批判に対処する

◉批判の内容を理解する

まずは、相手の話を聴きましょう。相手が何を言っているのかを正確に理解します。そのうえで、何に対しての批判なのかを冷静に考えます。批判の言葉を聴くと頭が真っ白になってしまったり、頭に血がのぼり、カッとして冷静さを失いやすくなります。つらくても、腹が立っても、それは違うと思っても、まずは聴くことが大切です。

そして、相手の言葉をいったんは受け取りましょう。「そう思っていたんだ」「そんなふうに見えていたんだ」と受け取り、批判の内容を判断したり、対処したりするのは次のステップです。

もし、その内容が理解できなかったり、何に対しての批判なのかが明瞭でない場合は、具体的に尋ねます。「それはいつのことですか」「具体的にどの部分でしょうか」などと確認し、正確に受け取ることが大切です。

次に、いまの気持ちを口に出して緊張を解いてください。「それは傷つくな」「とてもショックを受けた」「グサッときました」といった簡潔な言葉を口に出してください。まず気持ちを口に出すことで、冷静さを取り戻せます。

◉批判の内容を吟味する

人に対して、「してよい批判」と「してはいけない批判」があると思いますか。一度じっくり考えてみてください。

たとえば、暴力を振るっている人に対して、「暴力はよくない」と批判するのは、だれもがもっともだと思うでしょう。しかし、背の低い人や高い人に、「背が低すぎる（高すぎる）」と批判したとしたらどうでしょう。自分の力ではどうしようもないことを批判されても、改善のしようがありません。

このように、批判には「してよい批判」と「してはいけない批判」があります。詳しく見ていきましょう。

批判には、「批判の対象となる領域」と、「批判を受ける必要のない領域（守るべき・守られるべき領域）」があります。

批判の対象となる領域には、「考え方」「言い方」「態度」「行動」の四つがあります。たとえば、「自分の意見を押し通すためには、人の気持ちを踏みにじってもよい」とする考え方は、ほとんどの人から賛同は得られず、批判されることが多いでしょう。これは批判の対象領域の「考え方」に当たります。

また、考え方が正論で、もっともだと認められている事柄でも、言い方が威圧的だったり、脅迫的だったりした場合は、その「言い方」や「態度」、または「行動」などが批判の対象領域となります。

一方、先の身長の例のように、その人の容姿や身体的な特徴、または人格やその人の感情などは、批判を受ける必要のない領域となり、守るべき・守られるべき領域ということになります。これらに対して批判を受けた場合には、否定する権利、大切なものを守る権利があることを覚えておいてください。

「批判の対象となる領域」か「批判を受ける必要のない領域」かを判断することは、非常に重要です。批判を受けたときに、それを否定するかしないかは本人の自由ですが、批判を聴いたら、何に対しての批判なのかを考え、どちらの領域かを判断することで、適切に対処できるようになります。

◉批判に対処する

批判を受けた場合はまず、冷静さを失わないために、そのときの気持ちを表現したり、何に対しての批判なのかを相手に尋ねましょう。次に、その批判が、「批判の対象となる領域」にあるかどうかを判断します。このステップを踏まなければ、往々にして適切な対応ができなくなります。

その後、いよいよ批判に対処する最終ステップとなります。

批判の対象となる領域であると判断しても、その批判が正当な批判なのか、正当ではない批判と思われるのかで、対処の仕方は違ってきます。

たとえば、「仕事が遅い」と批判されたとします。それに対して、自分でもそのとおりだと思う場合は、その批判に同意し、事実を認めることになります。そして、「それは私も思っていました」「私もそのとおりだと感じています」などといった言葉を伝えることになります。

そのうえで、自分でも改善したいと思っているのであれば、「できるだけ効率的に進めようと思います」と伝えればよいし、もしこのままでよいと考えているのであれば、「この業務はミスをしないことを優先すべきだと考えています」というように伝えます。

一方、正当ではないと思われる批判に対しては、否定して自分を守ることもできるし、きっぱり「やめてほしい」と伝えることもできます。また、聞き流すこともできるので、状況に応じて適切な方法を自分で選択することになります。

その批判は正当ではないと自分では思っていても、相手が批判しているのであれば、そのギャップを埋めて、問題解決に持っていく方法もあります。もし「仕事にやる気がない」と批判された場合、「私は仕事にやる気を持っています。やる気がないように見えるのはどういうところでしょうか」と具体的に確認しながら、問題解決への糸口を見つけることもできるのです。

自分の「心の急所」を知っておく

ここで、「心の急所」についてお話したいと思います。

人にはそれぞれ心の急所があり、それを指摘されたり批判されたりすると、冷静でいられない、頭が真っ白になる、緊張が極限に達するといった状態になり、その後の対応が非常に困難になることがあります。頭では冷静にならなければと思いながらも、考える余裕がなくなってしまうのです。

このように心の急所を突かれた場合、「ここは自分の急所である」と認識し、対応は最小限にとどめるべきです。話題を変える、その場を立ち去るなどの選択肢が有効な場合もあるでしょう。

また、そういった選択肢を取れない状況であれば、急所となる言葉をポジティブな言葉に置き換えることで、心の痛みを若干和らげることもできます。

たとえば、日頃から人前での発言は苦手だと思っているのに、ある会議で「何か発言しろ」と言われたとします。そのとき、心のなかで、「安易に発言せずに深く考えて核心を得られる」とポジティブに変換してみましょう。「仕事が遅い」に対しては「慎重に進められる」に、「気にしすぎる」には「私は鈍感ではない」など、自分の急所と思える言葉を、ポジティブな言葉に置き換えます。急所を突かれたときには、そのポジティブな言葉を心のなかで唱えるとよいでしょう。

人は批判されると、傷ついたり、劣等感を抱いたり、またそれにどのように対処してよいか悩んだりするものです。しかし、アサーティブなスキルを徐々に高めていけば、自分自身のつらさは軽減され、人を傷つけることも少なくなります。

批判されたら、お手上げではなく、日々の実践などのトレーニングを積むことで、つらさが軽減されることを信じてください。

9　アサーティブ・マインドを実践する

ここまで読み進めるうちに、アサーティブをどのように考えればよいのか、どのように表現すればよいのかが、あなたなりにわかりかけてきたのではないでしょうか。それは、あなたにアサーティブ・マインドが身につきはじめた証拠です。本書を読み終えた後は、日々の生活のなかのあらゆる場面において、少しずつ実践していきましょう。
最後に、アサーティブ・マインドを実践していくうえで、注意すべき二つのポイントを挙げておきます。

●「やさしい状況」から一歩ずつ
●自分を信頼する

◉「やさしい状況」から一歩ずつ

まずは、やさしいと思える状況から取り組んでみましょう。「やさしい状況」とは、言いやすい状況、失敗しても甚大な被害が伴わない状況です。たとえば、家族に何かを手伝ってほしいと要求したりすることなどがこれに当たります。逆に「難しい状況」とは、ある程度決意が必要であり、失敗した際の被害も大きい状況です。たとえば、上司に対して評価が納得できないことへの説明を求めることなどがそれです。

やさしい状況で少しずつ成功を積み重ねることで、心構えができてきます。この心構えができていないときに、いきなり難しい状況に挑戦し失敗してしまうと、打ちのめされたり、「やっぱり私には難しい」とひるんでしまったりして、次に取り組むことができなくなってしまうこともあります。

どんなことであれ、成功体験は確実に自信につながります。焦らず小さなことから着実に成功体験を積み重ね、自信をつけていきましょう。さまざまな場面で挑戦していくうち、徐々に、失敗してもそれほど自分を責めたり、必要以上にがっかりしなくても済むようになります。

しかし、何度か失敗してしまったり、思うように表現できないことが続いたりして、くじけそうになることもあると思います。そんなときは、ぜひもう一度「アサーティブの権利」を思い出し、自分の大切なものを思い返してみてください。そして、本書で紹介した次の言葉のなかで、現状を切り抜ける手助けになるものはないかを確認してみてください。

- ●「私はできない」から「私はできる」という自己信頼に変えていく
- ●自分のコミュニケーション・パターンに気づき、変えていく練習で確実にスキルアップされる
- ●アサーティブな対応は、自信を持っていられ、自己理解が深まる

●アサーティブな対応は、より良い職場風土が醸成される
●自分のコミュニケーション・パターンを把握することで、アサーティブな対応が可能になる
●アサーティブの基本は、「誠実」「率直」「対等」「自己責任」
●自分の気持ちを明確に把握する
●自分の気持ちを表現することが先決
●自分がやりたいことを口にすることは、人権として許される
●アサーティブとは、自分の権利を大切にし、ほかの人の権利も認めること
●11の権利を読み返そう。好きな権利は忘れない
●アサーティブになることは人権として認められている
●アサーティブになることもアサーティブにならないことも選択することができる
●コミュニケーション・スキルは、性格によるものであり、また自然に身につくものとして片づけない。繰り返し実行する訓練が必要
●言葉と表情、態度を一致させる。姿勢も相手と対等に
●要求を伝える場合は、「事実」「感情」「要求・提案」「結果」を伝えると効果的

●要求を伝えるのは一つだけ
●「NO」というのは、自分も相手も大切にしたいからこそ伝える言葉
●表現してはいけない感情はない。どんな人に対しても、表現して構わない
●「感情的になること」と「感情を表現すること」とは違う。表現には責任が伴う
●怒りの扱いの基本は、高ぶるまで待たず、できるだけ早い時点で表現すること
●相手の怒りには、怒りで対応せず、脅威を与えない
●自分の怒りを把握することが、アサーティブな行動を起こす第一歩となる
●批判の言葉は、とかく傷つきやすく、対処も困難を伴うが、アサーティブなスキルを高めていけば、人に対して傷つけることも少なくなるし、自分自身のつらさも軽減されていく

これらのことを知っていれば、たとえ行動を起こせなかったり、失敗したとしても、知らない、気づかない状況よりは、数段価値のあることだと思いますし、よりアサーティブであると思います。

仮に行動が伴わなくても、アサーティブ・マインドが備わっていれば、人生を歩んでい

くうえで勇気が得られることも多くなるでしょうし、幸福感が得られることも増えてくると思います。

◉自分を信頼する

周りの人に認められなくても、自分の考えや感じ方を自分で認められるということは、自分を信頼するうえでとても大切なことです。自分を信頼する心が、自分のなかでしっかり根を下ろしていれば、たとえ相手に断られても、拒絶されたように感じても、自分を丸ごと否定されたようには受け取らないでしょう。

「周りに受け入れられる自分」ではなく、「ありのままの自分」でいるためには、選択したり、決定していくことが重要です。他人から認めてもらおうとすると、自分を縛りつけることになり、ありのままの自分が出せなくなってしまいます。

自分のために自分で選択していくことで、自己信頼は高まっていき、ほかの人の反応より自分の反応のほうが大切になっていきます。非難や拒否されても傷つくことが少なく、自分の過ちも素直に認めることができるようになります。

自分を尊重し、あるがままの姿を受け入れることで、自己実現を図ることができるようになります。これは、生きていくうえでとても重要なことなのです。この人生の主導権を握ることのすばらしさを、ぜひ体験していただきたいと思います。

あとがき

本書では、「傾聴法」と「アサーション」を、主に企業のリーダーに必要なスキルというかたちで紹介してきました。しかし、これは職場だけで有効なスキルではありません。私が行っているトレーニングにおいても、「家庭でも実践できると実感しました」「職場だけではなく、生活のすべての場面でも使えます」という受講者からの意見が多く聞かれます。また、職場や家庭だけではなく、顧客に対して有効な手段でもあるのです。

それを実感したのが、私が住宅を購入したときのことです。

大地震による家屋倒壊や、耐震偽装問題などが騒がれていたときだけに、購入に当たっては「地震に強い家」を選ぼうと決めていました。住宅展示場へ行き、最初に入ったのは大きなゾウのバルーンがあるモデルハウスでした。たしかCMでは、本当のゾウが家の上に載っていたような記憶があり、「重たいゾウが載っても大丈夫＝地震に強い」程度の軽い気持ちから、そのモデルハウスに入ってみたのです。

対応してくれたのは、営業マンのYさんです。Yさんはまだ年齢も若く、彼から数千万円の買い物をするのは不安な気持ちもあったので、当初は本当に話を聴くだけのつもりでした。しかし、話をしていくうちに、「家を買うならこの人」という気持ちに変わっていったのです。

なぜ、そういう気持ちになったのでしょうか。Yさんには、「傾聴法」と「アサーション」のスキルが備わっていたからです。そして、それがYさんへの絶大な信頼へと変わっていったのです。

私の意見や要望をしっかり聴き、受容する。そして共感する。顧客を大切に扱い、顧客の立場になって話を聴くことができるスキルが身についていました。

さらに、ときにははっきりと「NO」を言ってくれるのです。その言い方はアサーティブで、顧客のための「NO」であることが伝わってきました。すると、顧客の側には、「自分の要望をしっかり聴き入れ、自分のためにきちんとYES、NOを言ってくれる。きっと最適の提案をしてくれるに違いない」という意識が芽生えます。こうしたやりとりから生まれた信頼は、Yさんの誠実な人柄と相まって不動のものになっていきました。

その後も数多くの展示場に通い、たくさんの営業マンと接しましたが、Yさんへの信頼は最終的に契約するまで揺らぐことはありませんでした。

これは一つの事例ですが、読者のみなさんにも、「この店のこの店員から買いたい」「この営業マンとつきあっていきたい」などと思うことがきっとあるでしょう。そういう人たちに共通しているのは、本当に顧客を大切に扱うマインドがあることです。ただ単に、大手メーカーだからとか、値段が安いからだとか、知識が豊富だからなどといったことではなく、本当に顧客のために「聴いて」「伝える」ことができるからこそ信頼が生まれるのです。

私は「傾聴法」と「アサーション」に出合ったとき、このスキルは人生の財産になると瞬間的に感じました。そのとき以来、この気持ちは変わっていません。

「傾聴法」も「アサーション」も、それがどのようなものかを理解していて、実践するスキルが備わっていれば、「傾聴マインド（カウンセリング・マインド）」や「アサーティブ・マインド」が養われていることになります。

たとえ実践でうまくいかなくとも、人生において必ずプラスに作用する、人生は必ず違うものになると、私は思っています。実践「できる」「できない」ではなく、その人に「マインド」があるかどうかが重要なのです。

読者のなかには、国語の授業で、『一切れのパン』（F・ムンテヤーヌ著）という物語に触れた方が多いと思います。ハンカチに包まれたひと切れのパン（実際は木片）が、ある青年が極度の空腹を乗り越える際の心の支えになるというストーリーです。

「傾聴法」と「アサーション」は、このハンカチに包まれたひと切れのパンに似ているように感じます。たとえ実生活では使わなくても、自分や大切な人がつらいとき、必要なときに、その存在自体を認識すること（マインドを養うこと）で、心の支えとなるのです。

しかし、このひと切れのパンと「傾聴法」「アサーション」の決定的な違いは、実践すればするほど、本人だけではなく、周りの人も一緒に幸福にすると、私は信じています。読者のみなさんも、その可能性を信じ、少しずつでも日々実践されることを願ってやみません。

最後に、リーダーとして必要なメンタルヘルスの重要性と「傾聴法」「アサーション」のスキルを紹介する機会を与えてくださり、また編集に対して惜しみないご指導とご援助をいただいたファーストプレスの上坂伸一社長に、この場を借りてお礼を申し上げます。

参考文献

『アサーション・トレーニング』平木典子著、日本精神技術研究所
『自己主張トレーニング』ロバート・E・アルベルティ、マイケル・L・エモンズ共著、菅沼憲治、ミラー・ハーシャル共訳、東京図書
『第四の生き方』アン・ディクソン著、竹沢昌子、小野あかね共訳、つげ書房新社
『EAP導入の手順と運用』市川佳居著、かんき出版
『ロール・レタリングの理論と実際』春口徳雄著、チーム医療
「産業ストレス研究」Vol.13、第1号、日本産業ストレス学会、2005年12月
「事業場における労働者の心の健康づくりのための指針について」厚生労働省（旧労働省）、2000年8月9日

◉著者紹介

見波 利幸
（みなみ・としゆき）

大学卒業後、外資系システム・メーカー、外資系パソコン・メーカーなどで各種施設の構築、運営に携わる。現場でのマネジメントを通して、部下へのヒューマン・スキル・アップとメンタルヘルスの重要性を痛感し、産業カウンセラーの資格取得後、マネジメントに応用。現在、野村総合研究所の教育専門会社であるNRIラーニングネットワークで、メンタルヘルス関連講座およびヒューマン・スキル関連講座の研修を開発・実施している。日本産業ストレス学会、日本カウンセラー協会などの正会員。

あなたのその態度が、部下の心をキズつける
――メンタルヘルスケア型「癒し系」リーダーになる

2006年7月1日　第1刷発行

◉著者　見波 利幸

◉発行者　上坂 伸一
◉発行所　株式会社ファーストプレス
〒107-0052 東京都港区赤坂4-6-3
電話 03-5575-7671（編集）
03-5575-7672（営業）
http://www.firstpress.co.jp

装丁◉遠藤陽一
チャートデザイン◉株式会社デザインワークショップジン
印刷◉萩原印刷株式会社
製本◉株式会社積信堂

ISBN4-903241-21-1

「経営職」を育成する技術
次世代リーダーはこうしてつくる

NRIラーニングネットワーク
亀井敏郎◉著

既存の育成プログラムでは、
不透明な将来を勝ち抜くリーダーは生み出せない

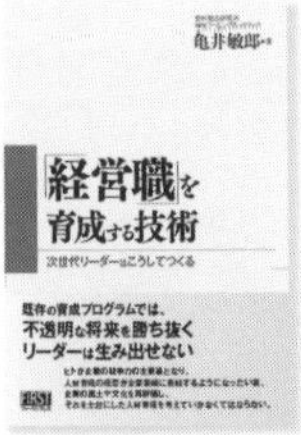

▶定価1680円(税5%)
▶ISBN 4-903241-04-1

人を大切にする経営
個を活かす3つの技術

池上孝一+岡村直昭◉著

個の活性化なくして、業績の向上はない!
個が活性化している企業とは、
個人が持っている力を最大限に発揮していると同時に、
個人が力を発揮できるように上手にサポートしている企業。

▶定価1890円(税5%)
▶ISBN4-903241-16-5

ハーバード流　リーダーシップ「入門」

ハーバード・ビジネススクール教授
D・クイン・ミルズ◉著
スコフィールド素子◉訳
アークコミュニケーションズ◉監訳

意志をもってリーダー術《スキル》を身につける。
政界や実業界のトップクラスのリーダーは
「リーダーになるべく生まれついた」リーダーではない。
彼らは人生で最も重要な役割を果たすように、
人や組織をリードする方法を学んだのだ。

▶定価2520円(税5%)
▶ISBN4-903241-10-6

論理思考の「壁」を破る
なぜ効果的に伝わらないのか

出口知史◉著

正しい結論を出すだけでなく、相手に伝わらなければ、
問題は解決しない

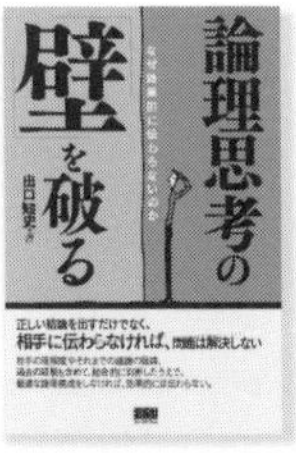

▶定価1680円(税5%)
▶ISBN4-903241-03-3

FIRST PRESS　http://www.firstpress.co.jp/